CB025092

Os
MITOS CHINESES

OS
MITOS CHINESES
UM GUIA PARA OS
DEUSES E LENDAS

TAO TAO LIU

TRADUÇÃO DE CAESAR SOUZA

EDITORA
VOZES

Petrópolis

The Chinese Myths © 2022, Thames & Hudson Ltd, Londres. Text © 2022 Tao Tao Liu

Tradução publicada mediante autorização de Thames & Hudson Ltd, Londres

Tradução do original em inglês intitulado *The Chinese Myths. A Guide to the Gods and Legendes*

Direitos de publicação em língua portuguesa – Brasil:

2023, Editora Vozes Ltda.
Rua Frei Luís, 100
25689-900 Petrópolis, RJ
www.vozes.com.br
Brasil

CONSELHO EDITORIAL

Diretor
Volney J. Berkenbrock

Editores
Aline dos Santos Carneiro
Edrian Josué Pasini
Marilac Loraine Oleniki
Welder Lancieri Marchini

Conselheiros
Elói Dionísio Piva
Francisco Morás
Gilberto Gonçalves Garcia
Ludovico Garmus
Teobaldo Heidemann

Secretário executivo
Leonardo A.R.T. dos Santos

PRODUÇÃO EDITORIAL

Aline L.R. de Barros
Marcelo Telles
Mirela de Oliveira
Otaviano M. Cunha
Rafael de Oliveira
Samuel Rezende
Vanessa Luz
Verônica M. Guedes

Conselho de projetos editoriais
Luísa Ramos M. Lorenzi
Natália França
Priscilla A.F. Alves

Editoração: Fernando Sergio Olivetti da Rocha
Diagramação e capa: Do original
Arte-finalização de miolo: Sheilandre Desenv. Gráfico
Revisão gráfica: Nilton Braz da Rocha
Arte-finalização de capa: Editora Vozes

ISBN 978-85-326-6558-4 (Brasil)
ISBN 978-0-500-25238-3 (Reino Unido)

Este livro foi composto e impresso pela Editora Vozes Ltda.

**Dados Internacionais de Catalogação na Publicação (CIP)
(Câmara Brasileira do Livro, SP, Brasil)**

Liu, Tao Tao
  Os mitos chineses : um guia para os deuses e lendas / Tao Tao Liu ; tradução de Caesar Souza. – Petrópolis, RJ : Vozes, 2023.

  Título original: The chinese myths.

  2ª reimpressão, 2024.

  ISBN 978-85-326-6558-4
  1. Mitologia 2. Mitologia chinesa I. Título.

23-164045   CDD-398.20951

Índices para catálogo sistemático:
1. Mitologia chinesa   398.20951
Eliane de Freitas Leite – Bibliotecária – CRB 8/8415

Sumário

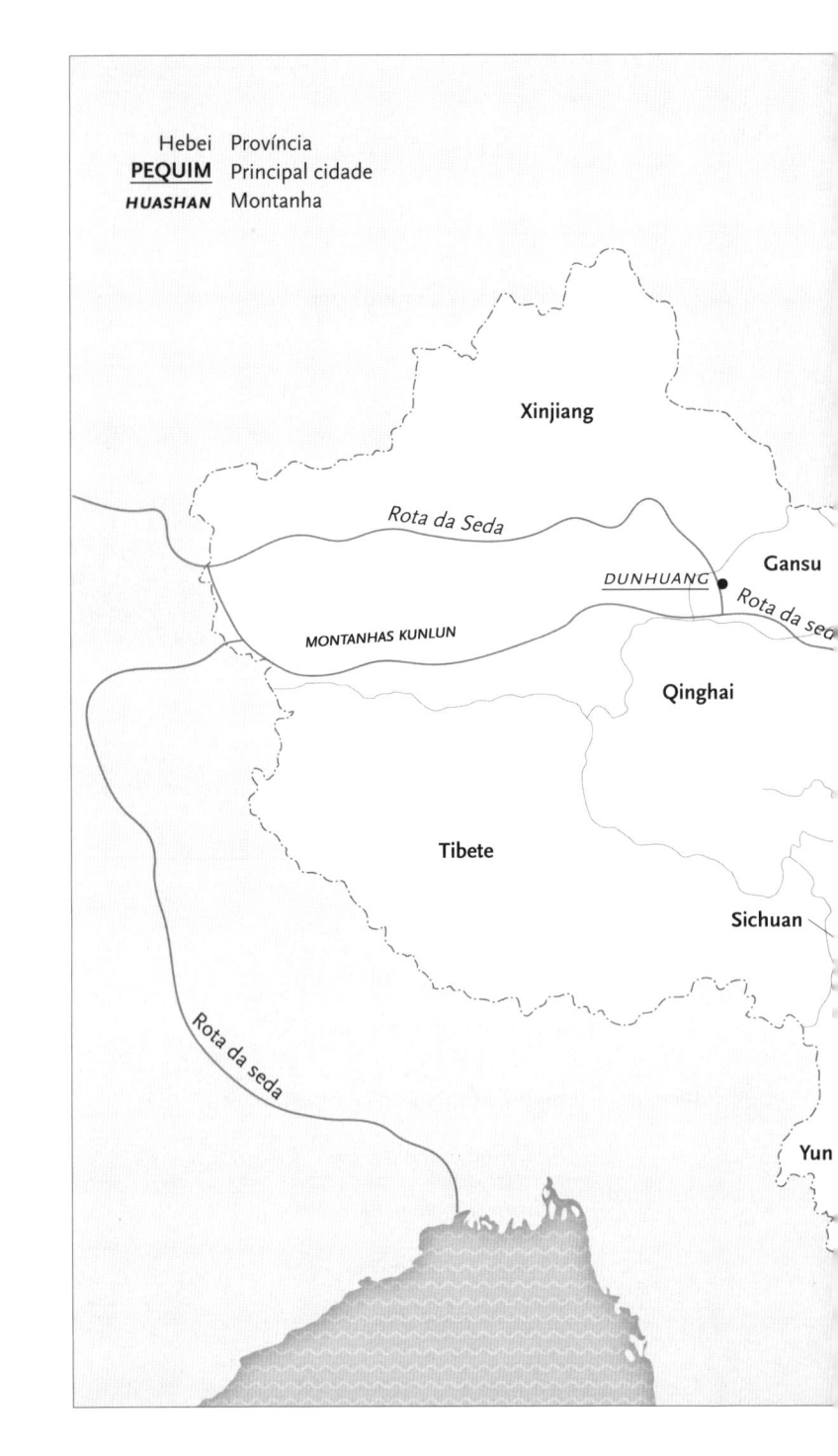

Hebei Província
PEQUIM Principal cidade
HUASHAN Montanha

Xinjiang

Rota da Seda

DUNHUANG ● Gansu

Rota da seda

MONTANHAS KUNLUN

Qinghai

Tibete

Sichuan

Rota da seda

Yun

UMA BREVE HISTÓRIA DA MITOLOGIA CHINESA

Há mais de dois mil anos, os chineses contavam histórias que rivalizavam em complexidade com aquelas contadas quase contemporaneamente na Grécia. Essas lendas expressam as crenças e preocupações fundamentais de uma sociedade agrária estabelecida nas margens inconstantes do Rio Amarelo. Encontramos heróis como Gun e Yu, que fortificaram a terra contra inundações na escala do dilúvio bíblico, e Yi o Arqueiro, que derrubou nove dos dez sóis que existiam quando o mundo era novo, repelindo incêndios e secas. Uma história conta como a deusa criadora, Nuwa, moldou a humanidade a partir do barro amarelo da planície aluvial. Essas histórias antigas, transmitidas ao longo dos séculos em uma era antes da escrita, encapsulam crenças que foram desenvolvidas nas filosofias do taoismo nativo e, mais tarde, do budismo, importado da Índia. A despeito dessa rica tradição, as pessoas no oeste estão muito mais familiarizadas com os mitos que chegaram a nós a partir dos gregos e romanos, e quase nada sabemos sobre os mitos da China.

Isso tem parcialmente a ver com a ausência de familiaridade sobre a China na mente ocidental; a imaginação chinesa se desenvolve de um modo muito diferente da imaginação ocidental durante sua longa história. Mesmo o conceito de mitologia é fundamentalmente ocidental, estranho à China, onde é traduzido como *shenhua*, "palavras/fala sobre o tema de deuses/deidades". Foi introduzido somente no começo do século XX a partir da Europa, via Japão, junto a outras ideias que estavam então sendo desenvolvidas nas humanidades. A palavra *shenhua* foi usada pela primeira vez para se referir a mitos ao modo da tradição ocidental: histórias de tempos antigos. Para o propósito deste livro, adoto o significado de *shenhua* para

AS MINORIAS NACIONAIS

Quando falamos dos chineses, tendemos a pensar no povo Han. Os Han foram um dos muitos grupos que viveram na área que agora chamamos China no primeiro milênio AEC, e por meio de conquista militar passaram a dominar o país. Hoje, eles equivalem a mais de 95% da população, mas há 55 grupos étnicos não Han na China, equivalendo a milhões de pessoas.

A cultura Han era a mais tecnologicamente avançada, e emprestou de muitos povos vizinhos, um traço ainda verdadeiro. A Dinastia Han (202 AEC-220 EC) chegou a ser considerada o começo da alta cultura da China. Todavia, os escritores Han se basearam nos mitos de outros grupos étnicos, incluindo, especialmente, os dos povos Miao e Yao; esses mitos mudaram pouco, mesmo ao longo dos milênios, devido à sua dependência das tradições orais.

me referir basicamente aos mitos da era clássica da China, encontrados em fontes que datam principalmente entre o século VI AEC, durante a Dinastia Oriental Zhou, e meados do século III EC, o final da Dinastia Han. Devemos também olhar para os mitos da era imperial, que durou do reino de Qin Shi Huangdi, primeiro imperador da Dinastia Qin, até o estabelecimento da República da China em 1911. Ao longo desse período a religião e crenças chinesas se tornaram mais fraturadas e mais ocupadas, com uma proliferação de mitos e deuses cultuados por sua eficácia particular enquanto desafios diferentes eram enfrentados. A expressão chinesa *bao fo jiao*, "abraçando o pé de Buda", captura esse sentimento: é usado para satirizar pessoas que não expressam devoção ao Buda até necessitarem.

Muitas das figuras mitológicas da era imperial se desenvolveram a partir de pessoas históricas, e a importância da história é característica dessa mitologia mais recente. Por exemplo, o general genial e herói militar do período dos Três Reinos, Guan Yu, foi declarado deus da guerra pelo Imperador Wanli da Dinastia Ming em 1594 em uma mitificação da história. O Festival Anual do Barco Dragão que ocorre no quinto mês do calendário lunar envolve cerimônias pacificando os deuses dragões dos rios da China e comemorando o funcionário honesto Qu Yuan do período Zhou Oriental, que se afogou em desespero por seu fracasso em influenciar um mau governante.

Diferente dos mitos greco-romanos, que foram colocados sob a forma de narrativas canônicas por escritores como Homero, Hesíodo e Ovídio, os da China tendem a ser lacônicos, muitas vezes aparecendo em arranjos contraditórios que falam de diferentes tradições. Muitos dos grupos étnicos modernos na China, como o Miao, mantiveram suas fortes tradições orais, ou não tendo uma escrita ou sendo menos dependentes de uma. É geralmente aceito agora que mitos e lendas tribais tenham um papel a representar no desenvolvimento da mitologia chinesa, e atualmente verificamos que muitos mitos entre as assim chamadas minorias, coletados no passado recente, ainda exibem uma semelhança surpreendente com os principais mitos da Dinastia Han.

Foi somente no século XX que estudiosos tentaram pela primeira vez uma análise crítica do *shenhua* da era clássica. Até então, escritores e historiadores haviam coletado e preservado os textos antigos, construindo um *corpus* de fontes autênticas e originais, mas não os tinham examinado rigorosamente, e, de fato, muitas vezes os editaram para melhor se alinharem aos princípios da filosofia de Confúcio. Mas desde o estabelecimento da República da China em 1911, folcloristas como Gu Jiegang (1893-1980), um dos fundadores da *Yigupai* (Escola Duvidante da Antiguidade), questionaram as descrições da elite confucionista.

◄ O LUGAR DO MITO NA VIDA DIÁRIA ►

Os grandes mitos da era clássica podem preocupar estudiosos, mas a acumulação de mitos e lendas durante milhares de anos pode ser vista na abundância de templos e lugares de culto através da China e o desenvolvimento de ciclos anuais de ritual e observância, alguns seguidos nacionalmente, alguns estritamente locais. Estima-se que em Pequim apenas entre 1400 e 1900 houvesse cerca de 2.500 templos, principalmente budistas, mas também associados ao culto imperial, taoismo, confucionismo e cultos locais. Eram todos regularmente repletos de devotos, alguns realizando feiras mensais bem como festivais regulares. Mesmo na pequena cidade de Shaoxing, na costa sul da baía Hangzhou, há atualmente treze templos budistas, um templo taoista, e um santuário estritamente local para uma jovem que se afogou em 151 EC para salvar a vida de seu pai, sem falar no santuário próximo ao túmulo do grande Yu, domador das inundações. Esses representam uma pequena proporção dos templos e santuários que teriam existido em séculos anteriores.

O grande Yu, fundador da semilendária Dinastia Xia (c. 2070-1600 AEC), é uma figura que atingiu *status* divino por sua inovação hidrográfica, que não só salvou vidas, mas estabeleceu a base da agricultura através da irrigação. Ele não é apenas cultuado como divino; em Shaoxing ele também tem um túmulo, como qualquer

O Salão de Preces para Boas Colheitas no complexo do Templo do Céu em Pequim, fundado na primeira metade do século XV.

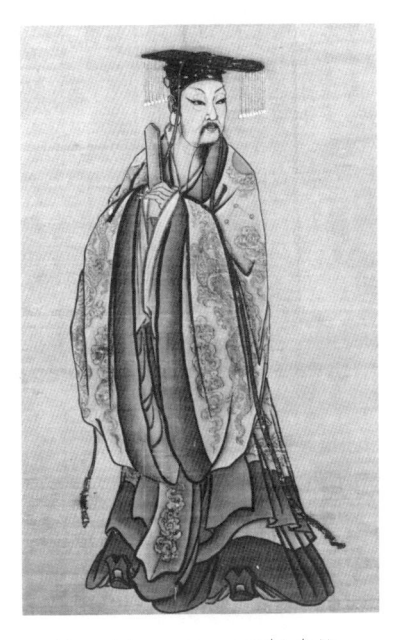

Uma pintura em pergaminho de Yu,
domador das inundações e fundador da
Dinastia Xia.

mortal teria. Seu túmulo foi famosamente visitado pelo Primeiro Imperador, Qin Shi Huangdi, em 210 AEC, e uma estela (agora, perdida) foi erigida para comemorar o evento.

As deidades mais populares em Pequim eram o deus guerreiro Guandi e a deusa budista Guanyin. Guandi derivava da figura histórica Guan Yu (162-220), famoso por seus feitos marciais e lealdade durante a turbulência política do fim da Dinastia Han. Seu papel no conflito foi mitologizado no *Romance dos Três Reinos*, um dos grandes romances clássicos que ainda é celebrado em entretenimentos chineses tradicionais. Mantido por séculos como o preeminente herói marcial, Guandi foi declarado um deus na Dinastia Ming e sua imagem feroz de face avermelhada foi colocada em vários templos e santuários como uma proteção contra maus espíritos. Ele epitoma o hábito chinês de

Uma impressão em bloco de madeira do século XIII ou XIV do deus guerreiro Guan Yu, herói deificado do *Romance dos Três Reinos*.

deificar pessoas reais, demonstrando a importância básica da história na criação da mitologia no primeiro período imperial.

O compassivo Bodhisattva Guanyin, cujo nome completo significa "aquele que vê e presta atenção aos clamores do mundo", era um ícone budista indiano cuja aparência e importância foram transformados na China. Originalmente uma deidade masculina, retratado em pinturas Tang de Duhhuang com um fino bigode e barba, Guanyin gradualmente adquiriu atributos mais femininos na China e foi associado à salvação e à provisão de filhos. Nas figuras de porcelana da Dinastia Ming, Guanyin perdeu o bigode e muitas vezes carrega uma criança pequena em seus braços. Ela parece feminina, embora nunca seja representada com os pés enfaixados a que muitas mulheres chinesas (usualmente da classe alta e média) foram submetidas a partir do século XII. A imagem de Guanyin é universal nos templos budistas e é cultuada particularmente por aqueles que desejam filhos.

Guanyin, deusa da compaixão, que foi adotada do budismo indiano.

◄ O CICLO ANUAL ►

Há pontos determinados no calendário lunar, estabelecidos pelo imperador Han Ocidental Wu (r. 141-87 AEC), quando as pessoas em toda a China partilham rituais em honra de deidades ou crenças particulares. Sendo a China originalmente uma sociedade agrária, os principais eventos ocorrem no inverno, quando comunidades agrícolas repousariam suas ferramentas, mas durante a Dinastia Han seriam suficientemente prósperas para que o excedente agrícola pudesse sustentar celebrações comunitárias. Festivais davam às populações rurais uma rara oportunidade para se reunirem, e trupes de atores e contadores de histórias faziam apresentações, indubitavelmente a origem de muitas histórias que chegaram a nós.

Quando a República da China adotou o calendário gregoriano em 1911, alinhando o país aos impérios europeus, a tradicional celebração do novo ano se tornou conhecida como o Ano-novo Lunar. É também por vezes chamada Festival da Primavera, uma vez que coincide com o período no antigo calendário agrícola quando os agricultores começariam a arar e a semear seus campos após a passagem do inverno.

No terceiro dia do primeiro mês do ano, as famílias chinesas cultuam o deus da riqueza tanto em casa quanto em templos locais. Considera-se que Caishen, deus da riqueza, tenha ajudado os Zhou a derrotarem a Dinastia Yin, montando um tigre negro, e foi representado em templos rodeado por assistentes. Logo após, vem *Yuanxiao*, o Festival da Lanterna, no qual lanternas brilhantemente coloridas são carregadas pelas ruas escuras para a admiração das pessoas.

No começo do terceiro mês, no *Qingming* (Brilhante e Claro), o único festival sem um ponto determinado no calendário lunar, famílias saem para varrer, remover ervas daninhas e arrumar os túmulos dos ancestrais. Eles fazem oferendas aos espíritos de seus ancestrais, borrifando os túmulos com vinho e colocando alimentos diante deles. Após os espíritos terem tido sua oportunidade de compartilhar os alimentos, a família se acomoda e faz um piquenique no cemitério. Essa tradição começou na Dinastia Song, quando noções confucianas de devoção filial se tornaram importantes.

O aniversário de Buda é celebrado no oitavo dia do quarto mês, e *Suanwu*, o Festival do Barco Dragão, ocorre no quinto dia do quinto mês. As pessoas aceleram os barcos na esperança de que os dragões do céu, que trazem chuva, também apareçam – uma grave preocupação na sociedade agrícola. O quinto mês também vê a celebração de Zhong Kui, o matador de demônios cuja imagem é colocada em portas para celebrar sua destruição de centípedes, escorpiões, sapos, cobras e lagartos. No sétimo dia do sétimo mês ocorre o Festival do Vaqueiro e da Tecelã, quando as duas estrelas Altair e Vega estão mais próximas da Via Láctea e os dois amantes (o Vaqueiro e a Tecelã, vivendo nas estrelas) podem se encontrar em uma ponte formada por um bando de pegas. Tradicionalmente, as meninas colocam agulhas em tigelas de água para ver, a partir de sua sombra, se se tornarão bordadeiras habilidosas e, assim, facilmente encontrar um esposo. No décimo quinto dia do sétimo mês ocorre o Festival dos Fantasmas Famintos, quando são feitas oferendas aos mortos e barcos de papel com pequenas lanternas são lançados nos rios e lagos para ajudar a salvar as almas dos mortos.

No décimo quinto dia do oitavo mês, quando a lua está mais redonda, bolos lunares são comidos e presenteados e dívidas são saldadas. Esse é conhecido como o Festival do Meio do Outono, e é quase tão popular quanto o Ano-novo Lunar, e outra ocasião na qual é muito importante para as famílias se reunirem.

Desde a Dinastia Qing, vários feriados públicos foram acrescentados a esse ciclo anual de festivais, usualmente no dia que coincidia com o número do mês do calendário lunar; por exemplo, no nono dia do nono mês, conhecido como o "Duplo Nove", no qual as pessoas visitam os túmulos de seus ancestrais ou sobem colinas para comer juntas e celebrar com vinho de crisântemo. No décimo segundo mês ocorrem preparações para o Ano-novo Lunar, um feriado público que dura três dias: as casas são limpas, imagens de deuses demoníacos assustadores são coladas nas portas da frente, e refeições são preparadas. A imagem do deus do fogão na cozinha é coberta de mel, ou para que docemente faça um relatório favorável sobre a família em sua visita anual ao céu, ou para colar sua boca e língua para impedi-lo de dizer qualquer coisa que possa provocar animosidade à família. A tradição de ficar acordado a noite toda, *Shousui* (Assistir à Passagem do Ano), para saudar o novo ano ainda é observada.

Quase todas essas celebrações contêm uma mistura de mitologia antiga e mais recente, de pessoas históricas e míticas e fortes variações locais (cf. Apêndice).

◄ MITOS DA ERA CLÁSSICA ►

Estudiosos, tanto chineses quanto não chineses, do presente e passado recente têm feito um trabalho excepcional na reconstrução do *corpus* dos mitos antigos da era clássica, que foi praticamente perdido. Contudo, a produção não é grande comparada àqueles que sobreviveram à era imperial, e muitos dos mitos antigos são fragmentários ou lacônicos; assim, muitas de nossas fontes os mencionam apenas brevemente, ao longo de suas discussões sobre outros temas literários ou filosóficos.

Vários escritos antigos não existem mais, pois desde a Dinastia Han posterior muitos textos foram escritos em papel, que substituiu as mais duráveis tiras de bambu do primeiro período. Os livros mais antigos sobreviventes, também impressos em papel, datam da Dinastia Song. Os conteúdos dos escritos anteriores, cujo texto completo não existe mais, são muitas vezes conhecidos apenas a partir de referências em compilações chamadas *leishu*, que são coletâneas de citações de textos existentes muitas vezes ordenadas por tema. Compilados a partir de cerca de 300 EC ao longo da era imperial, esses compêndios oferecem referências tantalizantes aos trabalhos perdidos.

Atualmente, a China é vista como um todo unificado, mas durante a maior parte da Dinastia Zhou Oriental (779-256 AEC) era essencialmente uma confederação de cidades-estados. Cada um desses lugares teria seus próprios mitos, que permaneceram em circulação durante o surgimento e queda dos estados, transmitidos para as gerações pela tradição oral. Os estados menores foram englobados pelos maiores até que a Dinastia Qin impusesse seu domínio sobre todo o país em 221 AEC, iniciando assim a era imperial que durou 2 mil anos, até ao século XX.

Textos clássicos nos contam que antes da Dinastia Zhou havia as dinastias Xia e Shang, mas é muito difícil separar fato de mito nessas descrições. Evemerização, em homenagem ao mitógrafo grego

---

O PAÍS

A China é quase tão grande quanto a Europa e, como a Europa, é lar de uma enorme variedade não apenas de línguas e costumes como também de paisagens e climas. No norte se encontram planícies áridas do Rio Amarelo, com seus invernos secos e verões quentes; o sul, a cerca de 1.600km, é tropical. No oeste se encontram montanhas altas, de onde dois grandes rios, o Rio Amarelo e o Yangtze, correm para o leste, desembocando no Mar Amarelo e no Mar da China Oriental, respectivamente.

Evemerus, é um termo para tratar mitos como história grega antiga lembrava imperfeitamente. Se os gregos podem ser considerados como tendo mitologizado sua história, os chineses historicizaram seus mitos. É na Dinastia Han (202 AEC-220 EC), que uniu a China antiga e a imperial, que buscamos nossas fontes escritas mais antigas, uma vez que esse período viu o surgimento e o florescimento dos letrados, ou classe escriba. O estudioso da Dinastia Han, Sima Qian (*c.* 145-86 AEC), considerado o pai da historiografia chinesa, começou seu *Shiji* (Registros do Grande Historiador) com referência aos mitos das dinastias Xia e Shang e tentou historicizar essas histórias antigas – um hábito tipicamente confuciano. Nosso problema, portanto, é duplo: devemos tentar encontrar fontes que pré-datem a Dinastia Han, e devemos avaliar cuidadosamente até onde podemos confiar nas fontes Han que nos são mais prontamente disponíveis.

◄ A FILOSOFIA CONFUCIANA ►

O filósofo e político Confúcio (551-479 AEC) alcançou fama grande e duradoura porque o que dizia era simples de entender e seguir. Ele era um racionalista, mas também agnóstico, no sentido da palavra no século XX. Embora não acreditassem nos deuses que eram transmitidos pela tradição oral, era consciente de uma presença divina, e acreditava no que chamava *tian*, "céu". *Tian* representava um código moral que não deve ser rompido. Era como a Palavra de Deus no modo cristão de pensar.

Confúcio acreditava que a Dinastia Zhou Ocidental havia transmitido as regras da moralidade. Além disso, acreditava que essas regras constituíam a sociedade ideal, contanto que reis e ministros seguissem a ética prevalecente de retitude e benevolência. Era porque os líderes não estavam seguindo essas regras que o país estava declinando. Durante o período da Primavera e Outono em que Confúcio viveu, houve uma grande quantidade de conflitos internos, com os estados maiores absorvendo os menores. Como vimos, até que os governantes do país reestabelecessem a ordem moral e rituais que existiram na Dinastia Zhou Ocidental antes de sua extinção – que se deveu inteiramente à incompetência ou laxidão de seus últimos reis – não haveria esperança para a sociedade. Ele chamou isso *tianming* (mandato dos céus) atribuído a um governante moral, que garantia

Um desenho a nanquim da Dinastia Yuan do
filósofo Confúcio (551-479 AEC).

que seus descendentes obedeceriam ao código moral até que um governante imoral perdesse o mandato dos céus, quando então os céus confeririam novamente o mandato, começando uma nova dinastia. Confúcio deu algum encorajamento a rebeldes em sua filosofia, contanto que os rebeldes estivessem tentando restaurar o que era moral e próprio antes que a corrupção permeasse o país.

Confúcio também atribuía elevada importância aos valores familiares e ancestralidade compartilhada. Na China atual, honrar os ancestrais ainda é importante; não é incomum encontrar um santuário aos ancestrais nas casas das famílias, usualmente colocados em um cômodo dedicado a eles. O festival de *Qingming*, muitas vezes chamado Dia da Limpeza de Túmulos, usualmente celebrado no começo de abril, é organizado pela família inteira para comemorar as vidas dos pais que partiram. A ênfase de Confúcio nas virtudes dos governantes do passado distante e na importância de rituais conservadores não atraía os governantes de seu tempo, que estavam mais preocupados com as praticalidades de conflitos internos.

Incapaz de persuadir qualquer governante a seguir suas ideias durante sua vida, Confúcio teve sua popularidade aumentada gradualmente, iniciando durante o período dos Estados Combatentes na Dinastia Zhou Oriental (476-221 AEC). A influência de Confúcio cresceu mais com o surgimento da classe escriba na Dinastia Han (202 AEC-220 EC), e sua filosofia permaneceu dominante na China no século XX. É durante a Dinastia Han que nossos registros dos mitos antigos começam a se dividir. A língua escrita se encontra nas mãos da elite confucionista. A outra forma de língua era vernacular: a língua que as pessoas de fato falavam. Confúcio não gostava de qualquer tipo de ficção, mesmo alegórica, preferindo a história que contasse ações reais de pessoas reais aos mitos. Seu interesse pela história influenciou seus seguidores, e, assim, eles historicizaram muitos mitos na Dinastia Han, moldando-os ao seu modo de pensar; por exemplo, transformando a figura mítica do Imperador Amarelo em um líder histórico verdadeiro.

OS VINTE E QUATRO EXEMPLOS DE DEVOÇÃO FILIAL

Parte da ênfase de Confúcio na importância da família repousa no conceito de devoção filial ou aos pais. Um livro muito popular, provavelmente compilado durante a Dinastia Yuan, *Ershisi Xiao* (Vinte e quatro exemplos de devoção filial), inclui histórias de gratidão e assistência aos pais. Começa com a história do lendário Imperador Shun, maltratado por sua mãe adotiva e quase morto por seu pai, mas mesmo assim exibindo intensa devoção. Ele foi escolhido como um sucessor digno pelo Imperador Yao, cujo filho não era, em sua opinião, bom o bastante para servir. Assim, no caso de Shun, a devoção filial foi recompensada. O segundo exemplo foi o Imperador Wen da Dinastia Han (r. 180-157 AEC), que cuidou de sua mãe doente durante três anos. Ele nunca se desvestia, de modo a estar pronto para auxiliá-la dia e noite e pessoalmente provar todos os medicamentos para se certificar de que eram seguros. As outras histórias também são de pessoas históricas reais: Wu Meng, que aos 8 anos dormiu ao lado da cama de seus pais para que os mosquitos o picassem em vez de picá-los; Wang Xiang, que se deitou nu em um lago congelado para capturar a carpa que sua cruel mãe adotiva gostava de comer; e Wang Pu, cuja mãe tinha muito medo de trovões. Após sua morte, se houvesse uma tempestade, ele correria ao seu túmulo para lhe dizer para não ter medo. Outras histórias incluem: "Levar arroz por longas distâncias para alimentar seus pais", "Entregar-se à servidão para cobrir as despesas com o funeral de seu pai", "Brincar como uma criança para distrair seus pais idosos", "Amamentar a sogra (sem dentes)", "Limpar o penico pessoalmente" e "Provar fezes provoca desespero", em que um filho era aconselhado a provar as fezes de seu pai doente. Se estivessem amargas, então, ele estaria melhorando, mas se estivessem doces, seria muito má notícia. Exceto pela história do Imperador Shun, em muitos casos não havia recompensa especial pela devoção filial; recompensar os pais por tudo que haviam feito e lhes proporcionar felicidade era o bastante.

O confucionismo pode não ter encorajado a crença em deuses, mas não proscreveu seu culto; parece, em vez disso, ter deixado esses temas para consciências pessoais. O resultado foi que as pessoas comuns prosseguiram com sua construção de templos, contando suas histórias tradicionais sobre deuses e outras divindades e celebrando-as em rituais e festivais, enquanto confucianos, ao menos ostensivamente, evitavam-nas. Como a maior parte da população não sabia ler ou escrever, as histórias de deuses, fantasmas e espíritos – divindades que Confúcio desaprovaria – continuaram a ser transmitidas na tradição oral.

◄ TAOISMO ►

O taoismo, uma filosofia antiga peculiar à China, é difícil de definir. Difere das religiões ocidentais, que tendem a focar um deus onipotente. Em vez disso, o taoismo se baseia no mundo natural: é o numinoso; é as próprias coisas antes que os humanos as tivessem acessado; é como a água, que com o tempo desgastará o mais duro dos materiais; é o Yin e Yang, as forças opostas em tudo. Yang é o princípio masculino da luz e do calor, positivo e ativo, enquanto o Yin é o princípio feminino, receptivo, da escuridão e do frio. Nenhum pode existir sem o outro, como as sombras que só podem ser projetadas onde há luz.

O ÉPICO DA ESCURIDÃO

Em 1982, um velho agricultor em Shennongjia, Província de Hubei, deu ao escritor Hu Chongjun um raro manuscrito que registrava a tradição oral da região. Ao longo dos anos seguintes, Chongjun coletou vários outros manuscritos – alguns incompletos, e cada um diferindo um pouco – de Shennongjia, uma área montanhosa pouco conhecida e pouco povoada e um lugar de beleza natural reconhecido pela Unesco; exatamente o tipo de lugar onde a tradição persistiu na memória viva interna. Ele as compilou em uma nova edição do *Hei An Zhuan* (Épico da Escuridão) da Dinastia Tang. Devido à sua extensão, essa história era raramente representada, exceto em funerais, por isso seu nome. Ela conta a história da fundação do mundo, junto a outros mitos antigos.

O Yin e o Yang combinam com as Cinco Direções (norte, sul, leste, oeste e centro) para criar todos os fundamentos da vida. O Yang caracteriza o sul e o leste – o sol, erguendo-se no leste, é referido como o Grande Yang – enquanto o Yin caracteriza o oeste e o norte. As Cinco Direções, bem como seus elementos associados e cores, e as estações eram de imensa importância em todos os aspectos da vida e morte na China. Morte e doenças eram associadas ao norte, de onde o vento trazia epidemias, e ao inverno; assim, os mortos eram enterrados com a face voltada para o norte. Roupas, ornamentos e oferendas usados na prática ritual tinham de se conformar às cores apropriadas. O imperador reina voltado para o sul para receber o calor e frescor do sol, e seus súditos se voltam para o norte quando em sua presença.

À esquerda: Um desenho a nanquim do Senhor do Leste.
À direita: O deus do céu oriental. De um álbum do século XIV de onze pinturas relativas a *Nove Canções*.

As Cinco Direções e os Cinco Elementos

O número 5 possui grande valor simbólico no pensamento chinês, evocando uma cruz com seu centro e, assim, expressando universalidade. Cada um dos textos míticos chineses antigos nomeia cinco deuses, cada um deles reinando sobre uma das Cinco Direções e um dos Cinco Elementos (madeira, fogo, metal, água e terra) que contêm o mundo inteiro na filosofia chinesa tradicional. De acordo com *Huainanzi* (Escritos dos Huainan):

> O leste é madeira. Seu deus é Taihao. Seu assistente é Goumang. Ambos sustentam as bússolas e governam a primavera...
>
> O sul é fogo. Seu deus é o Imperador Chama [Zhurong]. Seu assistente é Zhuming. Eles sustentam as barras da balança e governam o verão... O centro é a terra. Seu deus é Huang Di

---

HOUTU, O DEUS DA TERRA

Houtu não é claramente delineado em qualquer uma das fontes e não tem o *status* tradicionalmente atribuído ao deus da terra nas mitologias de outras culturas. Ele é mencionado somente como o ancestral do rei menor Kuafu no *Shan Hai Jing* (Clássico das Montanhas e Mares). De acordo com os *Huainanzi*, ele auxilia Huang Di e, portanto, pertence ao centro. Em uma anotação posterior às *Chu Ci* (Canções de Chu), ele era o governante do mundo subterrâneo, apoiado por um assistente hostil chamado Tubo, que guardava a entrada.

Em tradições posteriores e na religião popular, Houtu era uma mulher, com muitos templos dedicados a ela. Em um templo no Condado de Wanrong, Província de Shaanxi, ela é chamada "Houtu, a mãe sagrada" e é retratada usando uma coroa e uma saia bordada com fênices, símbolos da realeza. Registros locais indicam que o templo remonta à Dinastia Han, e foi visitado por mais de dez imperadores até à Dinastia Song. Hoje, peregrinos oram à deusa por coisas usuais: uma jornada segura no Rio Amarelo, uma boa colheita, chuva ou filhos.

[o Imperador Amarelo]. Seu assistente é Houtu. Ambos sustentam as cordas e governam as quatro direções...

O oeste é metal. Seu deus é Shaohao. Seu assistente é Rushou. Eles sustentam o esquadro dos carpinteiros e governam o outono... o norte é água. Seu deus é Zhuanxu.

Seu assistente é Xuanming. Eles sustentam os pesos das balanças, e governam o inverno.

◄ LAOZI ►

Diz a lenda que Laozi, um contemporâneo próximo de Confúcio que viveu no século VI AEC, foi um dos progenitores do taoismo e autor do grande *Daode Jing* (O Livro do Caminho e sua Virtude), que estabelece a filosofia fundamental do pensamento taoista em metáforas poéticas. (Estudiosos, por outro lado, há muito nos disseram que esse livro foi escrito por muitas mãos diferentes, e alguns dizem que o próprio Laozi viveu de fato no período dos Estados Combatentes, no século IV AEC). Laozi é um título honorífico que significa Velho Mestre; seu sobrenome de fato é dado como Li em várias descrições históricas. O historiador da Dinastia Han, Sima Qian, conta-nos que, após passar anos como um recluso no interior, Laozi retornou à cidade de Luoyang onde o porteiro, Yin Xi, reconheceu-o como um grande estudioso e se tornou seu discípulo. Ele é cultuado como Taishang Laojun (o Grande Velho Senhor) e um dos Três Puros do taoismo, e inclusive aparece no romance histórico da Dinastia Ming *Xi You Ji* (Jornada ao Oeste) como um membro da corte do Imperador Jade. Nessa história ele aprisiona o famoso Macaco, embora sem de fato lhe fazer mal algum.

A despeito de sua autoria disputada, o *Daode Jing* é um dos livros mais importantes do taoismo antigo. O outro é o *Zhuangzi*, composto no final do período dos Estados Combatentes por Zhuangzi, em cuja homenagem foi nomeado. Zhuangzi se baseou na filosofia taoista,

OS TRÊS PUROS

O primeiro dos Três Puros, ou Três Ensinadores Divinos, é Yuanshi Tianzun (o Original, Respeitado do Céu), também conhecido como o *Yuqing* (Puro Jade). Ele seria o instrutor de Laozi, que é o terceiro, conhecido como Taishang Laojun ou o *Taiqing* (Puro Extremo). O segundo, conhecido como o *Shangqing* (Puro Superior), é Taishang Daojun (o Senhor do Tao), que deveria conhecer tudo que é conhecido sobre o Tao. Cada uma dessas deidades governava um céu, e manifestava uma das formas de *qi*, ou energia celestial. Eles dominavam a religião taoista antiga, tornando sua presença perceptível antes da aparição do imperador, que foi o homem mais elevado no país, mas provavelmente ocupavam essas posições antes que a classificação superior ou inferior fosse conhecida pelos chineses como uma característica do período imperial.

A tríade taoista.

muitas vezes usando fragmentos de mitos contemporâneos para seus objetivos. Ele raramente conta toda a história quando se refere a esses episódios míticos, presumivelmente porque assumia que seus leitores já fossem familiarizados com eles. Essa é uma das razões pelas quais os mitos nas fontes escritas nos chegaram em fragmentos.

Uma escultura de bronze do século X do filósofo taoista Laozi, também conhecido como Taishang Laojun.

◄ INFLUÊNCIAS BUDISTAS ►

O budismo chegou à China aproximadamente no século I EC, próximo do fim da Dinastia Han. Em resposta a essa nova fé, o taoismo adotou mais características de uma religião panteísta. Reconhecia a existência do *numen*, ou espírito, nas coisas naturais: animais; objetos inanimados, como árvores; e humanos. Foi com o advento do budismo que o taoismo se tornou mais reconhecido como uma religião; antes, era simplesmente o que era supranormal, ou sobrenatural. Todavia, o taoismo se mostrou mutável, transformando-se para sobreviver junto à religião recém-introduzida. Por exemplo, não havia indicação de monasticismo no taoismo até a chegada do budismo, após o qual começou a produzir sua própria identificação.

Na verdade, o budismo pode ter conquistado sua primeira base na China como uma variante do taoismo. Muitos aspectos do budismo ecoam a religião nativa: ambas ensinavam o valor de atos morais e a meditação no caminho da salvação pessoal. O taoismo adaptou elementos novos e estrangeiros introduzidos pelo budismo para se adequar à tradição nativa de modo a se tornarem peculiarmente chineses, como a imagem de Guanyin, deusa da compaixão, que se originou no budismo indiano. E embora os mitos chineses existissem muito antes do budismo começar a se estabelecer no país, mais tarde influenciaria enormemente o desenvolvimento de uma rica tradição de lendas, uma manifestação diferente da imaginação chinesa.

O altar de um templo budista em Shenyang.

Os mitos antigos não foram esquecidos; eram contados por pessoas comuns, passados de geração a geração, e eram tratados com a mesma reverência com que os cristãos consideram as histórias do Antigo Testamento da Bíblia. E embora budistas e taoistas construíssem templos de acordo com as determinações de suas novas religiões, muitos templos dedicados aos deuses antigos ainda sobrevivem. Por exemplo, há muitos santuários dedicados ao deus criador popular Pangu, incluindo um no topo da montanha que traz seu nome na região do Tongbai da Província Henan, sua suposta residência. No terceiro dia do mês do calendário lunar, o Monte Pagu é sede de um grande festival que atrai muitos peregrinos para esse templo.

DIVINAÇÃO E OS OITO TRIGRAMAS

A arte de predizer o futuro, ou divinação, remonta na China ao menos à Dinastia Shang, da qual encontramos alguns dos primeiros exemplos registrados dos assim chamados ossos oraculares. Esses eram ossos dos ombros de bois ou cascos de tartarugas inscritas – usando símbolos ou caracteres derivados de antigos pictogramas – com questões, usualmente relacionadas às preocupações dos reis. Quando aquecido, o osso racharia, e as rachaduras ou linhas resultantes eram interpretadas por especialistas rituais – os *wu* – para adivinhar as respostas às questões inscritas. Um texto do filósofo cético Han Wang Chong (27-100 EC) nos dá um exemplo de uma divinação desfavorável: Quando King Wu da Dinastia Zhou estava prestes a atacar o Rei Zhou da Dinastia Shang, ele teve uma divinação usando talos, mas o resultado foi negativo. O adivinho declarou: "Muito má sorte". O Grande Senhor empurrou os talos para o lado e pisou sobre as tartarugas, e disse: "O que ossos secos e plantas mortas sabem sobre destino!"

Outros métodos de divinação se desenvolveram e manuais foram escritos para ajudar os praticantes a reconhecerem os sinais. Entre esses estavam *bagua* (os Oito Trigramas), considerados criação do deus

---

◄ PERSPECTIVAS OCIDENTAIS ►

Na época em que missionários ocidentais chegaram à China, próximo do fim do século XIX e começo do XX, encontravam-se no meio de um enorme panteão de crenças populares que apropriadamente registravam em seus diários. Para eles, parecia não haver limite para a mágica inerente à visão de mundo chinesa.

Missionários e antropólogos também escreveram sobre seus encontros com o xamanismo. De fato, práticas xamanistas nos dão nossa primeira evidência de escrita na China, nos assim chamados ossos oraculares, que eram usados em cerimônias de divinação na Dinastia Shang. A palavra tungusic *shaman* foi adotada por

Fuxi. Cada trigrama é composto de três linhas – o Yin sendo uma linha quebrada, o Yang uma linha contínua – e simboliza um aspecto do mundo. Por exemplo, o primeiro trigrama, Céu (*tian*), é feito de três linhas contínuas; seu simbolismo relacionado inclui a força criativa, o pai, a cabeça do corpo e a direção que representa é a noroeste. O segundo trigrama, terra (*kun*), é composto de três linhas quebradas, e seu simbolismo relacionado inclui a força receptiva, a mãe, a barriga e a direção que representa é o sudoeste. Quando os trigramas se combinam entre si, formam os sessenta e quatro hexagramas, que são a base do *Yi Jing* ou *I Ching* (Livro das Mudanças). Uma variedade dos métodos de divinação taoista evoluiu, empregando talos de plantas, moedas e dados jogados para formar padrões de trigrama como estabelecido nos manuais de divinação como o *Yi Jing*.

Um fragmento de osso oracular da Dinastia Shang.

antropólogos do século XIX, e suas práticas parecem espelhar as dos *wu* na China antiga, que atuavam como curas e oráculos, mediadores entre os humanos e o divino. Na Dinastia Shang, parece que os *wu* ocuparam grandes postos de Estado, interpretando os ossos oraculares nos quais os reis confiavam para julgar a auspiciosidade de suas ações (cf. caixa abaixo). Contudo, a prática declinou na Dinastia Zhou, talvez devido ao maior ceticismo da parte dos seguidores de Confúcio. Com o tempo, mesmo o papel dos *wu* como curas foi enormemente alterado ou usurpado pelo advento de uma nova classe de homens que confiavam em métodos científicos para curar doenças.

O xamanismo não aparece muitas vezes nas fontes escritas que descrevem os mitos antigos da China, embora no capítulo 6 encontramos um exemplo na descrição de Sima Qian da propiciação do deus do Rio Amarelo por Ximen Bao. Sua descrição é típica da tendência confucionista entre a classe escriba de subestimar ou desconsiderar elementos xamanistas, tornando-os fontes não particularmente confiáveis sobre o xamanismo.

◄ RELIGIÃO NA CHINA MODERNA ►

Nos séculos XIX e XX a introdução de tecnologias ocidentais fez uma enorme diferença para as pessoas que viviam em centros urbanos maiores da China, e muitas das crenças e rituais populares associados aos deuses antigos passaram a ser desprezados como práticas supersticiosas. Em 1949, Mao Zedong liderou a tomada comunista da China, e em 1966 lançou a Revolução Cultural, que durou uma década. Foi violenta e destrutiva: muitos templos foram denegridos como parte das antigas superstições e destruídos, e histórias sobre deuses tradicionais foram proibidas – mas não esquecidas. Após a morte de Mao em 1976, a proscrição das antigas religiões foi relaxada, e feiras de templos em comunidades rurais foram revividas, em que pessoas traziam seus produtos excedentes para venda ou troca. À medida que a economia crescia e empresas privadas não eram mais proibidas, as pessoas enriqueceram e começaram novamente a doar aos templos. Como consequência, os templos foram reconstruídos e as histórias estão sendo recontadas.

Turistas visitando o templo de Jin An em Xangai. O templo foi construído pela primeira vez em 247 EC e foi movido para seu local atual em 1216.

Os templos também se beneficiaram com o surgimento da globalização no final do século XX e início do XXI, tornando-se magnetos para turistas intrigados pelas tradições e pela cultura chinesas. Ramos locais do governo foram rápidos em ver as possibilidades de ganhos financeiros de templos reconstruídos e suas festividades renovadas, tirando vantagem do desejo recente das pessoas de viajarem. Grupos de turistas do outro lado do mundo são regalados com a versão local de mitos e lendas pelos guias turísticos pagos pelo governo. Os visitantes podem não parecer antigos peregrinos, mas enquanto comprarem incenso e se curvarem, ninguém se importa em questionar suas crenças – eles trazem um bom dinheiro ao país.

Em contraste com o sentimento antirreligioso no continente da China no século XX, Hong Kong e Taiwan em grande parte continuaram como eram antes. Em Taiwan muitos templos funcionam como centros comunitários, bem como centros religiosos. Muitos turistas ocidentais são atraídos a esses antigos santuários, e é nesses lugares que os deuses e seus altares – como descritos no fim do período imperial por estrangeiros – ainda podem ser vistos.

Desde que os mitos e histórias antigas deixaram de ser tema de opróbrio, muitos encontraram nova vida na televisão ou no cinema, muitas vezes combinando ficção científica ou fantasia. Esses filmes, especialmente as animações, são muito populares. Mitos são também mencionados em nomes de novas descobertas científicas ou realizações tecnológicas. Por exemplo, O primeiro rover marciano da China é nomeado em homenagem ao deus do fogo, Zhurong, e as espaçonaves do programa de exploração lunar da China são nomeadas Chang'e, em homenagem à própria deusa lunar. A primeira, Chang'e 1, foi lançada em 2007, e a mais recente foi a Chang'e 5, primeira missão de retorno de amostra, lançada em 2020.

◄ 2 ►

AS TRADIÇÕES LITERÁRIAS
DA CHINA

A breve Dinastia Qin (221-207 AEC) foi a primeira a unificar os estados da China, mas foi somente quando a subsequente Dinastia Han (202 AEC-220 EC) chegou ao poder que a nova era imperial verdadeiramente começou. Muitas das primeiras fontes dos mitos antigos foram escritas durante o período Han. Quando se trata de fontes pré-Han, basicamente, somos deixados com os clássicos, como os "Cinco Clássicos" considerados como tendo sido escritos por Confúcio. Os estados individuais eram muito locais em conteúdo, de modo que *Chu Ci* representava somente as canções de Chu. A Dinastia Zhou anterior (*c.* 1046-256 AEC), que podemos chamar a China antiga real, deixou pouco sob a forma de fontes escritas, pois poucas pessoas sabiam ler ou escrever.

◄ UMA TRADIÇÃO ORAL ►

Os mitos da era clássica eram parte de uma tradição oral, um conhecimento comum que raramente era escrito. Poucas pessoas na China antiga sabiam ler ou escrever, e, assim, a transmissão de histórias oralmente através das gerações era o único modo de as manter vivas. É possível também que as pessoas não temessem a desaparição dos mitos, uma vez que todos já os conheciam. Todavia, histórias preservadas oralmente encontram um modo de se modificar, e o que é conhecimento comum em uma época pode ser esquecido. Mais de 2 mil anos passaram, e muito do que não foi registrado se perdeu. Na verdade, muitas fontes escritas também foram perdidas. Contudo, alguns mitos parecem ter sobrevivido praticamente inalterados, apesar da passagem dos séculos.

WHENCHANG: O DEUS DA LITERATURA

O deus da literatura era especialmente popular entre os membros da classe escriba – e particularmente entre os que tinham que prestar exames. De acordo com *Shiji* de Sima Qian, havia seis estrelas acima da Ursa Maior, onde Wenchang tinha sua morada. O deus dessas estrelas cuidava do destino de cada humano. A estrela Wenchang como um deus era uma figura estabelecida dos tempos Zhou antigos na região de Shu, Província de Sichuan. Tradições posteriores a associaram ao guerreiro Zhang Yazi, que viveu sob a Dinastia Jin (266-420 EC) em Zitong, Província de Sichuan. Zhang Yazi é considerado como tendo sido morto em batalha, e como um deus ditava os destinos humanos. Na Dinastia Song, quando os exames se tornaram mais ou menos o único caminho para pessoas ambiciosas progredirem de *status*, Zhang Yazi foi elevado para se tornar um deus dos exames.

O deus da literatura, Wenchang, com seus servos.

Logo após a Dinastia Han, iniciou o reino dos literatos; ou seja, aqueles que sabiam ler e escrever. Durante o período dos Estados Combatentes da Dinastia Zhou Oriental (476-221 AEC), houve um aumento na alfabetização entre os membros da classe *shi*. Os *shi*, traduzido como "cavaleiros" ou "cavalheiros", formavam a aristocracia inferior e eram tipicamente envolvidos no exército, mas passaram a ser educados em temas literários e filosóficos e começaram a assumir o papel de secretários ou camareiros. Nessa função, tiveram maior oportunidade para alavancar poder; eles não eram os mestres, mas antes os homens que os mestres seguiam porque gostavam do que estava sendo dito. Na verdade, tornou-se a ordem do dia convencer o governante do que eles diziam, em vez do que seus oponentes diziam; uma solução prática em vez de filosófica, e os chineses têm sido sempre um povo muito prático.

A dificuldade de reconstruir os mitos antigos se deve à natureza misturada da tradição oral e das fontes escritas que tentaram registrá-la. As fontes da Dinastia Han não são tão fiéis aos mitos originais como gostaríamos. Primeiro, porque um grande número de pessoas que sabiam ler e escrever – a classe *shi*, ou escriba – eram de convicção confucionista, preferindo a história aos mitos. Segundo, nenhuma pessoa podia ter registrado todas as várias versões dos estados das histórias antigas. Sima Qian escreveu nos *Shiji*: "Para onde quer que eu fosse, todos os anciões da aldeia me indicariam lugares dos [imperadores] Huang Di, Yao e Shun. As tradições eram certamente muito diferentes entre si... Eu editei e selecionei aquelas palavras que eram as mais apropriadas". Diferentes descrições das mesmas histórias muitas vezes contradizem uma à outra, resultado da evolução variante da mitologia em diferentes lugares, entre diferentes pessoas e de ser contada em diferentes dialetos. Ainda assim, com tão poucos livros que sobreviveram aos tempos pré-Han, dependemos das fontes Han.

O que pode parecer surpreendente é que o núcleo dessas histórias permanece o mesmo. Alguns dos mitos antigos sobreviveram sob uma forma não muito diferente do que podemos reunir de livros escritos antes do fim da Dinastia Han. Mesmo agora, como muitos antropólogos e folcloristas podem atestar, a geração mais jovem ainda ouve de seus anciões as mesmas histórias dos mitos antigos, particularmente nos festivais dos templos, que eram a base do entretenimento de pessoas vivendo em comunidades rurais. Isso ocorre em parte porque essas histórias eram repetidas em pontos determinados ao longo do ano e, assim, permaneceram as mesmas. A despeito da degradação da religião, ativamente censurada como superstição durante a Revolução Cultural, muitos templos dedicados aos deuses dos mitos antigos ainda sobrevivem na China. Aqueles que sobreviveram tendem a ter uma conexão especial com sua localidade, por vezes sendo onde o culto ao deus começou. Já vimos o templo ao deus Pangu no topo da montanha que tem seu nome na Província de Henan; outro exemplo é o templo Renzu, na Província de Shaanxi, onde os deuses antigos Nuwa e Fuxi eram cultuados, o qual é agora muito visitado tanto por peregrinos reais como por turistas. Onde os mitos mudaram, as tradições antigas não desapareceram simplesmente da noite para o dia, mas foram gradualmente ultrapassadas por outras versões mais relevantes ao mundo contemporâneo: crenças religiosas populares ganharam mais proeminência com o passar do tempo.

◄ FONTES ANTIGAS E CLÁSSICAS ►

Além de vislumbres de mitos em trabalhos da era Zhou, como a *Shi Jing* (Poesia Clássica), temos uma porção de fontes escritas da era clássica. As mais importantes dessas são dois livros que são enlouquecedoramente incompletos: o *Shan Hai Jing* e as *Tian Wen* (Questões Celestiais), ambos encontrados nas *Chu Ci*.

O *Shan Hai Jing* é um tipo de atlas mítico; o único texto dele que permanece são legendas que acompanham vários mapas e ilustrações da China pré-Qin. Ele fornece descrições lacônicas dos mitos da China antiga, embora por vezes dê descrições contraditórias. Ninguém tem certeza de quando esse trabalho foi produzido, mas parece que foi criado por múltiplos autores e possivelmente composto do período dos Estados Combatentes (476-221 AEC) à Dinastia Han (220 AEC-220 EC). O poeta recluso Tao Qian (365-427 EC), que viveu durante as dinastias Tang e Song do norte, disse o quanto desfrutou ler o *Han Hai Jing*, mas não sabemos se a edição que leu incluía as ilustrações originais.

Paisagem de uma edição da Dinastia Ming do *Shan Hai Jing*.

As *Tian Wen* dos *Chu Ci* são atribuídas ao poeta Chu e ao político Qu Yuan (*c.* 340-278 AEC). Nelas os autores colocam uma série de questões sem respostas; talvez, uma vez mais, essas fossem consideradas conhecimento popular e assim não fosse necessário registrá-las. As Questões Celestiais são escritas em uma língua muito arcaica, e, de fato, provavelmente antecedem inclusive o poeta Qu Yuan. É possível que tivessem sido escritas primeiro em tiras de bambu. Os laços que vinculam os escritos podem ter perecido, de modo que as tiras não estão na ordem correta. Grande parte da sabedoria esotérica contida nelas está perdida para nós, e, assim, há muitas interpretações diferentes para essas questões. Incluí aqui apenas aquelas passagens com as quais a maior parte dos estudiosos concordam.

ESCRITORES EM ISOLAMENTO

Considera-se que Laozi, um dos maiores pensadores taoistas, tenha vivido em isolamento no interior, e mesmo Confúcio achava difícil se estabelecer, viajando de Estado a Estado, fracassando em interessar governantes por sua filosofia. Há uma forte tradição de isolamento da sociedade no budismo: monges muitas vezes viviam por décadas sozinhos em cavernas, meditando. Ao longo da história da China há narrativas desses afastamentos da sociedade, e mesmo na China tradicional posterior o banimento para vastidões desoladas no norte ou para as insalubres selvas do sul era uma punição comum. Mesmo confucianos que serviam na burocracia governamental enalteceriam escapar para o interior em seus poemas, que muitas vezes saudosamente descrevem uma cabana solitária nas montanhas apenas com pássaros e pescadores locais como companhia. Similarmente, o ideal taoista de harmonia com a natureza era melhor atingido em um ambiente rural.

Além dessas duas fontes frustrantemente fragmentadas, temos os *Huainanzi* (Escritos do Huainan), uma coleção de escritos compilados na corte de Liu An, um governante do reino de Huainan. Liu An foi um aristocrata de tendências taoistas e o *Huainanzi* contém vários dos mitos antigos mais conhecidos. Liu An estrutura esses mitos como histórias populares. Ele supostamente reuniu mil estudiosos para coligir essas histórias antes de escrever sua versão definitiva, a qual apresentou ao seu sobrinho, o Imperador Wu (r. 141-87 AEC), no século II AEC.

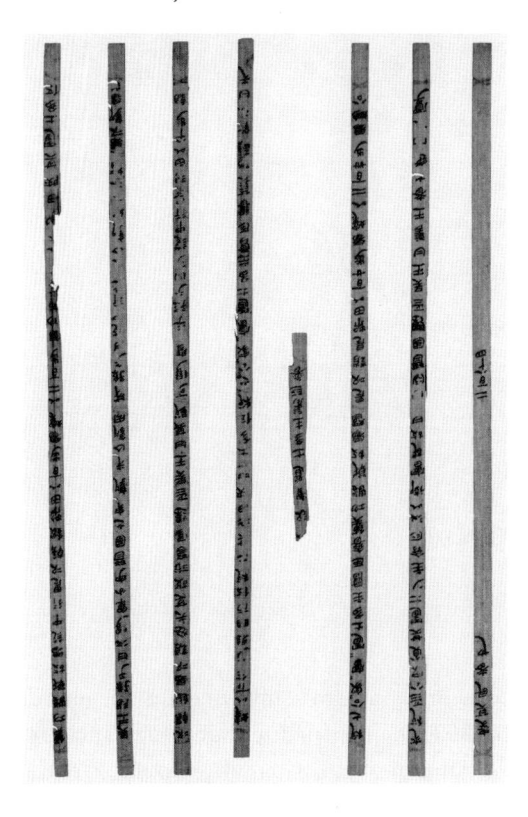

Anais escritos em tiras de bambu do Condado de Yunmeng, Dinastia Qin.

Sima Qian (*c.* 145-86 AEC), o famoso historiador Han que escreveu *Shiji*, não deve ser ignorado. Ele abriu sua descrição da China com as histórias dos Cinco Imperadores Augustos e, como um bom confuciano, registrou esses eventos como histórias e não como mitos, atribuindo a esses imperadores a fundação das dinastias Xia, Yin e Zhou. Ele foi cuidadoso com suas fontes, examinando-as e aceitando apenas o que acreditava ser histórico. Sabemos que ele se referiu ao *Shang Shu* (Livro de Documentos), um trabalho de filosofia política supostamente compilado por Confúcio, mas também usou fontes das quais nada sabemos, uma vez que não existem mais.

Ilustração da Dinastia Ming do historiador Han Sima Qian.

Alguns dos mitos antigos sobreviveram ao período dos Três Reinos (220-280 EC), uma era de estados fragmentados que seguiu o colapso da Dinastia Han, sobrevivendo até à reunificação do mundo chinês sob a Dinastia Jin (266-420 EC). A mais importante das descrições dos mitos pela Dinastia Jin é o *Soushen Ji* (Em busca do Sobrenatural), escrito pelo historiador Gan Bao (*c.* 350 EC) na Província de Henan. Essas histórias parecem ter sido tomadas da tradição oral. Tristemente, esse livro foi perdido por volta do século XIV, e é conhecido somente por meio de sua citação em trabalhos posteriores. Os *Bo Wu Zhi* (Registros de Assuntos Diversos) pelo poeta e estudioso Zhang Hua (232-300) e os *Shiyi Ji* (Registros de Histórias Esquecidas) pelo estudioso taoista Wang Jia (m. 390) foram igualmente perdidos. Todos eles foram produzidos na Dinastia Jin, mas podem ter registrado tradições orais que sobreviveram muitos séculos.

OS CINCO IMPERADORES AUGUSTOS

Estudiosos confucionistas como Sima Qian historicizaram os cinco grandes deuses associados às Cinco Direções do taoismo, reformulando-os como os Cinco Imperadores Augustos dos tempos antigos. Como com os deuses, diferentes fontes textuais listam diferentes deuses e imperadores como os cinco, mas Huang Di (o Imperador Amarelo) e Zhuanxu (seu neto) estiveram sempre entre eles. No *Huainanzi* (*c.* 139 AEC) os outros são dados como Yan Di (o deus do fogo), Houtu (a deidade terrena) e Shaohao (o Imperador Branco). Contudo, Sima Qian lista os Cinco Imperadores Augustos como Huang Di, Zhuanxu, Di Ku (outro neto de Huang Di) e os Reis Sábios Yao e Shun, os quais encontraremos adiante.

Uma pintura em seda do século XVI dos Imperadores Exaltados
e os Deuses das Cinco Direções.

Em vez de apenas recontar as lendas bem conhecidas que chegaram ao presente, tentei encontrar os exemplos mais antigos dos mitos antigos em nossas fontes, e onde possível citei-os inteiramente. Isso leva a várias contradições, uma vez que não temos um Hesíodo ou um Ovídio para nos guiar, como temos para os mitos gregos e romanos. Mas essas muitas versões são a essência do mundo mítico chinês.

◄ 3 ►

Mitos da origem e criação

Há muitos mitos chineses concernentes às origens do mundo. As descrições escritas mais populares envolvem a emergência das forças cósmicas de Yin e Yang do caos, e a transformação do corpo de Pangu, um humano semidivino, em uma miríade de coisas deste mundo.

◄ YIN E YANG ►

Yin e Yang são duas forças fundamentais na filosofia, astrologia e medicina chinesas antigas. O Yin representa o aspecto feminino, negativo e receptivo. Tudo que é úmido, escuro, frio e sombreado, enquanto o Yang representa o aspecto masculino, positivo e ativo, sendo seco, brilhante, quente e ensolarado; o sol é referido como o Grande Yang. Ambas as forças existem em todos nós e em todas as coisas. Yin e Yang estão profundamente enraizados no pensamento chinês e provavelmente antecedam o taoismo como o conhecemos. Estão presentes no começo das *Tian Wen* compiladas no século III AEC: Como se originaram? E o que fazem? Responder a essas questões é uma tarefa difícil.

O *Huainanzi* da Dinastia Han oferece a seguinte descrição da criação de Yin e Yang:

> Há muito tempo, antes que o céu e a terra existissem, havia somente imagens e nenhuma forma; tudo era obscuro e negro, vago e não claro, amorfo e indeterminado, nada podendo entrar ou escapar. Havia dois deuses nascidos da escuridão, um que criou o céu e a terra, tão vastos que ninguém sabia onde terminariam, tão amplos que ninguém sabia onde parariam. Eles se dividiram em Yin e Yang. Eles se separaram em oito direções cardeais. O suave [Yin] e o

Acima: Yin Yang e os Oito Diagramas.
Abaixo: Uma pintura em pergaminho da Dinastia Qing do Cavalo Celestial
carregando Yin e Yang.

duro [Yang] se formaram, e uma miríade de coisas tomou forma. O túrbido se tornou as criaturas do mundo, e o mais luminoso se tornou os humanos.

Em outra seção do *Huainanzi*, *qi* – a energia vital de todas as coisas – é apresentado como uma combinação de Yin e Yang em sua forma material. Atribui a criação do céu e da terra a *qi*: "Aquilo que era puro e brilhante [Yang] formou o céu, e o túrbido e pesado [Yi] formou a terra. Foi fácil para o puro e brilhante convergirem, mas difícil para o túrbido se solidificar, logo, o céu foi completado primeiro e a terra foi determinada depois. As essências conjuntas de céu e terra produziram Yin e Yang, as essências superiores de Yin e Yang criaram as quatro estações, as essências dispersas das quatro estações criaram miríades de coisas: o *qi* quente de Yang acumulado produziu o fogo, a essência do *qi* abrasante se tornou o sol; o *qi* frio de Yin acumulado produziu a água, a essência do *qi* aquoso produziu a lua. A essência transbordante do sol e da lua criaram as estrelas e planetas. O sol, a lua e os planetas pertencem ao céu; enquanto os rios e a água da chuva, a poeira e o solo pertencem à terra".

Acima de todos os deuses e figuras criadoras, não feitas de Yin ou Yang, estava Shangdi, o deus supremo, sinônimo de céu. O deus supremo era invocado, mas não aparentemente ativo, sem quaisquer atributos antropomórficos, um tipo de força única e eterna, funcionando como céu, em vez de ocupá-lo.

◄ PANGU ►

As descrições escritas mais antigas conhecidas da história da criação vêm do século III EC, quando um taoista chamado Xu Zheng descreveu a metamorfose de Pangu no mundo físico, um processo que levou 36 mil anos. Todavia, mesmo os trabalhos de Zu Zheng estão perdidos para nós e são conhecidos somente na medida em que são citados em fontes como o *Yiwen Leiju* (624 EC), uma enciclopédia da Dinastia Tang editada por Ouyang Xun. Antes que a história de

Pangu fosse registrada, deve ter sido transmitida pela tradição oral, transformando-se ao longo do tempo e em diferentes lugares, de modo que agora existem muitas versões da história, mas os fundamentos permanecem os mesmos: O mundo começa no caos, o céu e a terra se misturam como os conteúdos de um ovo, e Pangu se coloca entre eles. Após 18 mil anos, céu e terra se separam. O Yang claro se torna o céu, e o Yin denso se torna a terra. Pangu se situava entre eles e mudava nove vezes por dia; sua visão se tornou maior que o céu, sua habilidade ultrapassou a da terra. A cada dia, o céu ficava cerca de três metros mais alto, a terra ficava cerca de três metros mais densa e Pangu ficava cerca de três metros mais alto. E assim continuou por outros 18 mil anos, até que o céu atingisse sua altura completa e a terra, sua profundidade mais baixa.

UMA ANTIGA HISTÓRIA DA CRIAÇÃO

O *Chu Boshu* (Manuscrito de Seda Chu) foi roubado de um túmulo em Hunan, leste de Changsha, em 1942, e está agora na Galeria Arthur M. Sackler em Washington, DC. A tumba foi datada em cerca de meados do período dos Estados Combatentes (476-221 AEC); assim, essa descrição precede aquela escrita por Xu Zheng em cerca de 500 anos. O manuscrito consiste de três seções esotéricas concernentes à astronomia e astrologia chinesas antigas. Entre as poucas passagens legíveis está uma concernente ao começo do mundo: "Era confuso e escuro, sem [...]; água, vento e chuva foram, então, obstruídos". Oferece uma descrição do caos na qual "Há muito tempo Baoxi [um nome alternativo para Fuxi]... se casou com a neta de Zuwei chamada Nu Tian. Ela deu à luz quatro [filhos], que depois ajudaram a pôr as coisas em movimento, fazendo transformações de acordo com [o plano do Céu]". Não se sabe quem são Zuwei e Nu Tian, mas Fuxi, aqui chamado Baoxi, aparece em outros textos como um dos Três Soberanos Divinos da China, os governantes míticos mais antigos do país, que encontraremos no capítulo 4.

Pangu separa céu e terra para criar o mundo. De uma edição do século XIX de
Tui Bei Quan Tu da Dinastia Tang, uma coleção de profecias.

Quando Pangu morreu, seu corpo foi transformado no universo. Seu sopro se tornou o vento e as nuvens, sua voz, o trovão. Seu olho esquerdo se tornou o sol, seu olho direito, a lua. Sua cabeça, braços e pernas se tornaram os quatro pontos cardeais e as cinco montanhas. Seu sangue se tornou os rios, seus tendões, os lineamentos do país, sua carne, o solo da terra. Seu cabelo e barba se tornaram as estrelas, os cabelos em sua pele, grama e árvores, seus dentes e ossos, o metal e as pedras, sua medula, pérolas e jade. Seu suor se tornou a chuva; mesmo os parasitas de seu corpo tocados pelo vento se tornaram a multidão de pessoas.

Embora Pangu tivesse nascido simplesmente no caos, tornou-se arraigado na consciência cultural chinesa como um deus criador. Há muitas versões da história: uma delas diz que ele pegou um machado e cortou o caos em forma de ovo em duas metades; outra relata que

CULTO A PANGU

Vários templos foram construídos para Pangu, especialmente junto às províncias costeiras, onde era cultuado como uma deidade benevolente. Na Província de Henan, uma montanha foi nomeada em sua homenagem, talvez antes dos tempos Tang ou Song. Em seu cume se encontra um grande templo, onde peregrinos ainda se reúnem no começo de março, quando suas festividades são celebradas com a apresentação de peças e oferendas de incenso. Como Pangu é considerado responsável pela chuva, a área em torno de seu templo reputadamente não sofre com a seca.

ele manteve a terra e o céu separados assumindo a forma de um enorme pilar entre eles. Além de Pangu, essa descrição da criação nos apresenta a outro conceito-chave na cosmologia chinesa: o equilíbrio ideal de Yin e Yang.

Um desenho a nanquim da Dinastia Qing retratando Pangu após completar a criação do mundo.

◄ OS CORPOS CELESTIAIS ►

A versão ortodoxa da história da criação da terra, do sol e da lua é a seguinte:

> Além do mar sudeste se encontra o reino de Xihe. Xihe era a esposa do deus Di Jun e deu à luz os dez sóis. Havia uma grande árvore do mundo chamada Fusang, uma amoreira no mar ao leste. Cada sol continha um corvo de três patas. Nove dos corvos de sol se empoleiravam nos galhos inferiores da Fusang, um sol no galho superior. Cada pássaro, um após o outro, levava seu próprio sol para o topo da árvore para assumir seu lugar na jornada ao longo do céu guiada por Xihe, que agia como seu auriga. Os sóis saíam um após o outro. Quando cada um tinha cruzado o céu, eram levados de volta à amoreira onde Xihe os banhava no rio fervente Gan (doce), e o sol os secava nos galhos da amoreira.

Na história há dez sóis, que era o número de dias da semana de acordo com a antiga contagem chinesa. Eles imaginavam os sóis como repousando em uma árvore do mundo, que os chineses antigos percebiam como uma amoreira, e sua mãe (ou auriga) os pegava um após o outro. Como o *Shan Hai Jing* coloca: "Além do mar do sul, próximo ao Rio Gan se encontra o reino de Xihe. Há uma mulher chamada Xihe, ela está agora banhando os sóis no Golfo de Gan. Xihe é a esposa de Di Jun, ela carregou dez sóis". Coube a Yi o Arqueiro salvar o mundo dos efeitos escorchantes dos dez sóis, abatendo nove deles.

◄ YI O ARQUEIRO ►

Yi (ou Hou Yi) foi um dos deuses mais populares e não é difícil ver por quê. Em uma comunidade agrícola, a ameaça de seca era real e suas consequências duramente sentidas. Tanto o *Huainanzi* como o *Shan Hai Jing* registram que foi Yi o Arqueiro que livrou o mundo do excedente de sóis escorchantes, afastando o potencial para desastre que traziam. Di Jun, um deus poderoso, foi no início relutante em permitir isso, porque os sóis eram seus filhos, mas ele cedeu e deu a Yi "um arco de cor vermelha e flechas com galhardetes brancos. Ele lhe disse que com esse arco Yi poderia ajudar o povo no reino de baixo. Yi começou a ajudar o mundo de baixo e livrou seu povo da miríade de dificuldades que sofria". Como as *Tian Wen* nos contam, "Deus nas alturas nos enviou Yi, para eliminar as calamidades do povo de Xia". É uma história do bem que deuses podem fazer para a humanidade.

Outra versão envolve o grande líder Yao: "Um dia os dez sóis saíram ao mesmo tempo. Eles escorcharam os feixes de grãos, matando plantas e árvores, de modo que o povo ficou sem alimentos". Monstros apareceram, trazendo-lhes morte e pragas. O líder do povo, Yao, ordenou Yi o Arqueiro a abater os monstros e os sóis. Os corvos em cada sol morreram e suas penas caíram. Houve, então, muito regozijo entre as pessoas, que puderam retomar suas vidas, tornando Yao seu imperador.

Yi o Arqueiro prepara-se para abater nove dos dez sóis. De uma edição das *Tian Wen* da Dinastia Qin.

MAIS DE UM YI

A descrição ortodoxa de Yi nos fala sobre o homem (que vemos como um deus) que abateu os sóis excedentes, casou-se com Chang'e e que morreu pelas mãos de seu rival Feng Meng. Esse é o Yi que muitos povos chineses antigos reconheceriam como o salvador da humanidade. Contudo, havia outras versões de Yi, como o Yi dos "bárbaros do oeste", um povo proto-Yue. Uma descrição da *Zuo Zhuan* (Tradição Zuo), um comentário ao *Chunqiu* (Anais da Primavera e do Outono), descreve-o como um rei da Dinastia Xia, "que usufruiu de suas habilidades como arqueiro, negligenciando assuntos públicos e se comprazendo em jogar no campo". Seus súditos não se impressionavam: "Um dia os membros de seu clã o assassinaram, e cozeram seu corpo para seu filho comê-lo" – uma morte horrível, que não apareceria nas narrativas ortodoxas. É possível que Yi fosse um nome para qualquer um que fosse bom arqueiro.

Uma pintura em pergaminho do guarda-costas imperial Shanyinbao, um habilidoso arqueiro Qin.

PERSEGUINDO O SOL

O *Shan Hai Jing* nos conta como Kuafu, neto da deidade terrena Houtu, decidiu um dia desafiar o sol. Kuafu vivia na floresta, em uma montanha chamada Chengdu Zaitian. Ele tinha duas cobras amarelas em seus ouvidos e duas em suas mãos. Um dia, querendo provar sua força suprema, decidiu "perseguir o sol e capturá-lo onde se punha". Mas ele rapidamente ficou exausto e "sentiu tanta sede que bebeu da água do Rio Amarelo e do Rio Wei, que não lhe deram saciedade; ele queria beber toda a água do Grande Lago, mas, antes que chegasse lá, morreu de sede. Sua bengala se transformou em uma floresta de pessegueiros".

"Kuafu perseguiu o sol" é uma expressão idiomática no chinês vernacular, por vezes usada para criticar pessoas por sobrestimar sua própria capacidade – *kuafu* significa "fanfarrão" ou "prepotente" –, mas também para elogiá-las por sua persistência e tenacidade. Kuafu é cultuado até hoje no Condado de Lingbao, Província de Henan, como parte do panteão local.

Todavia, Yi irritou Di Jun ao matar seus filhos em vez de repreendê-los, de modo que Yi e sua esposa, Chang'e, foram banidos para sempre dos céus, a morada dos deuses no Monte Kunlun. Yi foi buscar a ajuda de Xiwang Mu, a Rainha-mãe do Oeste. Ela lhe deu um elixir que lhe concedia imortalidade. Ao retornar, Yi contou à sua esposa que tinha o elixir, mas esperaria por uma oportunidade para tomá-lo. Deixou Chang'e com o elixir, confiando tudo a ela. Mas ela tinha outras ideias e roubou o elixir, tirando de Yi sua chance de reobter a imortalidade.

Yi permaneceu na terra, não é mais um deus. Tomou como seu pupilo Feng Meng, que passou a rivalizar sua habilidade com o arco; mas, apercebendo-se de que jamais superaria seu mestre, Feng Meng espancou Yi até à morte com uma arma feita com a madeira do pessegueiro. Assim morreu o Arqueiro Yi; mas, por seus serviços à humanidade, foi deificado, tornando-se Zongbu.

MADEIRA DE PESSEGUEIRO

O uso de Feng Meng da madeira de pessegueiro para seu bastão mortal pode estar simbolicamente conectado com exorcismo. A palavra chinesa para "pêssego", *tao*, é um homófono para a palavra "expulsar"; assim, talvez, a madeira do pessegueiro fosse usada para expulsar influências prejudiciais. O bastão de madeira de pessegueiro era conhecido como *zhongkui*, termo mais tarde usado para nomear o matador de demônios Zhong Kui que não era, portanto, uma figura histórica mitificada, mas a transformação de uma arma. Pêssegos eram símbolos de longevidade, muitas vezes representados em cerâmicas e têxteis.

Um prato da Dinastia Qing decorado com pêssegos e romãs.

◄ A LUA ►

Havia doze luas no mito lunar, derivadas das doze divisões do calendário anual chinês. No *Shan Hai Jing* somos apresentados a outra das esposas do Imperador Di Jun, mãe dessas luas: "Há uma mulher, ela está agora banhando as luas. É a esposa do Imperador Di Jun, seu nome é Changxi. Ela carregava doze luas e havia começado a banhá-las". Em outra versão ainda, lemos: "Em meio à grande vastidão há uma montanha chamada Feng Zu Yumen (literalmente, 'o Portão de Jade'; é também chamada *Riyue shan*, 'a Montanha do Sol e da Lua', mais adiante no mesmo capítulo) onde o sol e a lua entram e saem".

O nome de Changxi na fonologia chinesa está muito próximo ao da deusa lunar mais conhecida, Chang'e, a esposa malcomportada de Yi o Arqueiro. Alguns estudiosos pensam que elas tenham se originado da mesma deusa da lua. Se esse é ou não o caso, destaca a variabilidade em nossas fontes, onde pode haver diferentes números de luas.

Chang'e era originalmente chamada Heng'e, mas seu nome foi mudado para evitar infringir o tabu de usar o nome de Liu Heng, o Imperador Wen (r. 180-157 AEC). As duas palavras, *heng* e *chang*, significam "eterno".

A deusa da lua Chang'e segurando o Mestre Coelho e conversando com a deusa Ch'ing-nu, Dinastia Qing.

O FESTIVAL DA LUA

Após o quarto século EC, Chang'e recebe um tratamento mais simpático, e é muitas vezes citada como uma bela mulher que vive na lua. Na tradição posterior, o nome Chang'e é muitas vezes utilizado para a própria lua. Hoje, o Festival da Lua (também chamado Festival do Meio do Outono), no décimo quinto dia do oitavo mês do calendário lunar, quando a lua está mais redonda, muitas famílias chinesas celebram fazendo ou comprando bolos lunares recheados com pasta de feijão e por vezes com um ovo no meio. Muitas famílias também compram efígies do Mestre Coelho, outro habitante mítico da lua.

Um bordado do século XVII do Mestre Coelho,
que acompanhou Chang'e até à lua.

Chang'e e a lua

Yi e Chang'e foram banidos dos céus porque Yi havia abatido os sóis, e na terra eles cessaram de ser imortais. Yi subiu, com grande dificuldade, o Monte Kunlun, o lugar da morada de todos os deuses, para pedir a Xiwang Mu seu elixir da imortalidade. Ela o concedeu a ele, e, quando ele voltou para casa, confiou-o à sua esposa. Mas Chang'e se lembrou de quando morava com os deuses no céu, e decidiu roubar o elixir. Ela o tomou todo, e se sentiu flutuando no ar. Decidindo não retornar ao Monte Kunlun, onde todos sabiam que era uma ladra, subiu até à lua, que sabia ser inabitada exceto por uma cássia, um sapo e um coelho. Chang'e ficou para sempre identificada com a lua. Sua contínua importância na China hoje pode ser vista no nome das espaçonaves Chang'e, que foram enviadas a várias missões à lua entre 2007 e 2020.

◄ AS ESTRELAS ►

As estrelas são pouco mencionadas nos mitos clássicos chineses. Isso é estranho, considerando quão intensamente os chineses observavam o céu à noite. Dois astrônomos do século IV AEC, Gan De e Shi Shen, deixaram livros listando centenas de estrelas e constelações. Esses livros estavam nas bibliotecas imperiais da Dinastia Han, e foram mencionados por Sima Qian em seu *Shiji*, mas estão perdidos desde então.

A única menção a estrelas nos livros produzidos antes da Dinastia Han eram referências a um mito sobre dois irmãos com uma rivalidade feroz. A *Zuo Zhuan*, um comentário sobre os *Chunqiu*, diz: "Há muito tempo Gao Xin [outro nome para o deus Di Ku] tinha dois filhos. O mais velho se chamava Wan Bo, o mais novo, Shi Chen. Eles viviam em uma vasta floresta. Não podiam se tolerar e lutavam com escudo e adaga-machado, e atacavam um ao outro. [Di Ku] ficou incomodado, e moveu Yan Bo para Shang Qiu, colocando-o no controle da estrela Chen... E moveu Shi Chen para que assumisse o controle da estrela Shen". As estrelas Shen e Chen encontram-se em lados opostos de Orion, onde os irmãos permaneceram seguramente fora do alcance um do outro.

O Vaqueiro e a Tecelã

Para poetas da Dinastia Han esse mito servia como uma metáfora para amantes separados, sofrendo com a distância. A única outra referência significativa a estrelas na mitologia chinesa é a história da Tecelã, que aparece pela primeira vez no *Shi Jing* (Clássico da Poesia) e parece derivar do século X ou IX AEC. A Tecelã é mencionada como a estrela que estava muito distante de seu amante, o Boi de Tração, que se transformou com o passar do tempo no Vaqueiro.

A história de "O Vaqueiro e a Tecelã", como é popularmente conhecida agora, pode ser remontada no máximo ao século XI EC. É mais detalhada e mostra a influência das lendas posteriores.

A Tecelã sobe ao céu enquanto o Vaqueiro a chama.

Havia um Vaqueiro que vivia sozinho após seus irmãos mais velhos lhe darem sua parte da herança de seu pai, que era na forma de um único boi. Contudo, o boi não era uma criatura ordinária, mas um deus que havia sido banido do céu por dizer às pessoas para comerem três refeições ao dia em vez de uma refeição a cada três dias, que era o que o deus supremo havia ordenado, mas ele foi tolo o bastante para confiar a mensagem à estupidez de um boi. "É melhor você descer para a terra e ajudar as pessoas arando para elas." E assim o deus boi terminou como a única herança do Vaqueiro. Ele agora disse ao Menino: "Você tem sido bom para mim, e vejo que é muito trabalhador. Vá até aquela piscina lá longe e se esconda. Você verá as Donzelas Celestiais descendo para se lavarem; pegue as roupas daquela da qual você gostar, e ela será obrigada a ficar com você".

O Vaqueiro assim o fez, e a Donzela celestial terminou sendo a Tecelã. Ela teve de ficar com o Vaqueiro, mas se tornou uma esposa muito boa que lhe deu dois filhos, e tecia as mais belas coisas, que o Vaqueiro podia vender. Um dia, ela encontrou por acaso as roupas que lhe haviam sido roubadas há muito tempo, vestiu-as e subiu ao céu. Quando o Vaqueiro se apercebeu do que havia acontecido, pôs seus dois filhos em cestos, um em cada lado de uma vara de carga, e foi atrás dela, chamando-a com as crianças. Mas o deus supremo ficou relutante ao ver o Vaqueiro se aproximando dela, assim, com sua mão ele desenhou um Rio Celestial, a Via Láctea, entre os dois e o Vaqueiro ficou para sempre separado da Tecelã. Todavia, o deus supremo ficou com pena deles, e uma vez ao ano, na noite do sétimo dia do sétimo mês, todas as pegas do céu se unem para formar uma ponte sobre a Via Láctea para que eles possam se encontrar.

Você pode ver uma estrela brilhante, chamada Vega, na constelação de Lyra em um lado da Via Láctea, e no outro você vê outra estrela brilhante, Altair, com duas pequenas estrelas ao lado dela na

INFLUÊNCIAS MODERNAS NAS HISTÓRIAS ANTIGAS

Essa versão da história dada aqui é a mais popular. Apareceu pela primeira vez em textos escolares que foram editados na década de 1950, mas em anos recentes passou-se a duvidar do episódio que descreve o Vaqueiro escolhendo a mulher enquanto ela se banha com outras na piscina. Esse teria sido um comportamento muito impróprio e, na verdade, versões mais antigas da lenda só contam sobre o Vaqueiro roubando uma ou duas peças de roupa – não observando mulheres nuas. Considera-se que esse incidente particular tenha vindo da ópera moderna de Pequim *Tian He Pei* (Amor de cada lado da Via Láctea), executada pela primeira vez em torno de 1924, inserida para agradar a audiência moderna. Recontagens de versões mais novas, baseadas na ópera, atraíram audiências maiores e, assim, passou a ser a versão aceita, e os editores dos livros escolares usaram a versão posterior sem pensar.

constelação Aquila. Essas são o Vaqueiro e a Tecelã, que se encontram somente uma vez ao ano, na noite do sétimo dia do sétimo mês.

Muitos outros provérbios se desenvolveram em torno dessa data. Mesmo hoje, o sétimo dia do sétimo mês é celebrado como o *Qiqiao* (Sete Astúcias), e as meninas seguem a tradição de mostrar suas habilidades como bordadeiras, como a Tecelã pode ter feito. É também o dia no qual as meninas podem encontrar uma imagem de seu futuro esposo, turvamente vista em um espelho.

◄ NUWA: CRIADOR DA HUMANIDADE ►

A humanidade não passou a existir quando a terra e os corpos celestes foram criados pela primeira vez por Pangu e as forças cósmicas de Yin e Yang. Uma história conta como Nuwa, celebrado hoje como uma deusa-mãe, moldou homens e mulheres a partir da terra amarela. Ela começou criando-os individualmente. Esse foi um processo laborioso, e, assim, mergulhou uma corda no barro e então sacudiu-a: pedaços de barro caíram, e esses também se tornaram pessoas. Como uma fonte datando do segundo século EC menciona: "As pessoas dizem que, quando céu e terra se abriram e se desdobraram, a humanidade não existia. Nuwa sovou a terra amarela e formou entes humanos. Embora trabalhasse fervorosamente, não teve força suficiente para terminar sua tarefa; assim, mergulhou uma corda em um sulco do barro e a suspendeu para criar os entes humanos. É por isso que aristocratas ricos são os entes humanos feitos de terra amarela, enquanto os plebeus pobres comuns são os entes humanos feitos do sulco da corda".

Reparando o céu

Além de criar a humanidade do barro amarelo das planícies chinesas, Nuwa é celebrada por reparar o céu quando ele quebrou. Acreditava-se que o céu, que era redondo e cobria a terra quadrada, era sustentado por quatro pilares. Em algumas tradições esses pilares eram considerados as pernas de Pangu; em outras, eram montanhas nos quatro polos. Diz a história que o deus da água, Gonggong, foi de encontro ao mítico Monte Buzhou, o pilar do noroeste, durante uma luta com Zhuanxu, neto do Imperador Amarelo. O pilar colapsou, com consequências desastrosas para todo o mundo. Como *Huainanzi* nos conta:

> Os quatro pilares que sustentavam o céu nos polos colapsaram, todas as nove províncias ficaram divididas e rompidas. O céu não cobria completamente a terra, e a terra não se encontrava sob a circunferência do céu. Fogos ardiam fora de controle e não podiam ser extintos, e a água transbordava, cobrindo enormes áreas sem trégua. Animais ferozes devoravam as pessoas e grandes aves de rapina capturavam os jovens e idosos que eram vulneráveis.
>
> Nisso, Nuwa fundiu pedras de cinco cores para reparar o firmamento azul. Ela decepou os pés de uma grande tartaruga

para apoiar os quatro polos, e matou um dragão negro para salvar o povo da China. Ela reuniu as cinzas de juncos para estancar a inundação. O firmamento azul foi reparado, os quatro polos foram fortalecidos, a inundação recuou, de modo que o povo da China podia estar em paz novamente. As bestas ferozes morreram e a população reviveu. Eles traziam a terra quadrada em suas costas, e abraçavam o céu redondo sobre eles.

Examinando esses feitos, descobrimos que chegaram aos nove céus e aos confins da terra; [sua] fama ressoa através das gerações posteriores, seu brilho se espalha por todas as coisas. Nuwa viajava em uma carruagem de trovão, ligada a quatro dragões; para voar entre as nuvens com deuses e espíritos, ela subiu aos nove céus e entrou pelos portões. Nuwa pediu uma audiência com o deus [supremo]. Ela relatou seu

A deusa-mãe Nuwa repara o pilar do céu. De uma edição da Dinastia Ming do *Shan Hai Jing*.

trabalho, e então lá repousou com dignidade. Ela não se vangloriou de seus feitos, ocultando seu próprio gênio divino segundo os ditames de céu e terra.

Nessa história vemos o impacto cultural do risco constante de inundação na China. Uma versão do Mito de Nuwa no terceiro capítulo do *Huainanzi* dá a razão pela qual todos os rios na China correm para o leste: "O céu se inclinou para o noroeste e, assim, o sol, a lua e todas as estrelas se deslocaram para aquela direção, com a terra ficando vazia no sudeste. Assim, as águas e o solo montanhoso desceram naquela direção". O Rio Amarelo inundava com frequência e muitas vezes desastrosamente até tempos muito recentes. Por essa razão foi chamado "Tristeza da China", bem como "Rio-Mãe" – tanto berço como destruidor da civilização. O Rio Yangtze, centenas de quilômetros mais baixo que seu equivalente do norte e o mais longo da Ásia, provocava inundações catastróficas mais ou menos a cada cinquenta anos antes da construção de barragens modernas. Não surpreende que a ameaça de inundações fosse uma ansiedade sempre presente nas mentes das pessoas, que encontrava expressão nos mitos, como exploraremos adiante no capítulo 6. Diferente da descrição do Dilúvio dada na Bíblia, não há sugestão nos mitos sobre inundações chinesas de que fossem punição pelos pecados do povo. Na versão chinesa, a inundação apenas acontece quando o Rio Amarelo aumenta na primavera com o derretimento das neves nas cabeceiras do Himalaia.

Patronesse do casamento

Talvez devido ao seu papel como a mãe da humanidade, Nuwa tenha sido associada estreitamente ao casamento. O *Du Yi Zhi* (Um Tratado sobre Coisas Extraordinárias e Estranhas), um trabalho de Li Rong da Dinastia Tang (*c.* século IX EC) provavelmente baseado em tradições mais antigas, conta-nos como Nuwa e seu irmão se tornaram o modelo do casamento: "Em tempos antigos, quando o mundo

Um decalque a partir de tijolo entalhado da Dinastia Han retratando uma cena mítica com Fuxi e Nuwa, que aparecem no registro superior, com caudas entrelaçadas como cobras.

O CULTO MODERNO DE NUWA

Há muitos templos a Nuwa em toda a China, alguns de tamanho muito modesto. No Condado de Huaiyang, Província de Henan, Nuwa ainda é honrada no templo de Renzu, onde ela e Fuxi são celebrados como os ancestrais de todo o povo. O papel de Nuwa é lembrado com uma dança especial durante a feira do templo, que ocorre todo ano em honra ao par. Peregrinos cantam canções populares que contam a história da fundação da raça humana por Nuwa e Fuxi.

iniciou, havia Nuwa e seu irmão, e eles viviam no Monte Kunlun. Nessa época não havia humanidade. Eles decidiram se tornar esposo e esposa, mas ficaram envergonhados. O irmão subiu ao Monte Kunlun com sua irmã e orou. "Se o céu quer que nos tornemos esposo e esposa, então, que a fumaça de nossas faixas queimando se unam; se não, então que a fumaça se dissipe". Nisso, a fumaça se uniu. A jovem foi ter com seu irmão. Todavia, fez um leque com palha trançada para ocultar seu rosto. Mesmo agora, quando um homem toma uma esposa, ela segura um leque em memória do que aconteceu então". Essa descrição não nomeia o irmão; alguns dizem que era Fuxi.

Uma pintura em seda de Nuwa e Fuxi entrelaçados, século III a VIII EC.

Uma versão ligeiramente diferente desse mito é contada entre muitos povos do sul da China, especialmente o Miao. Os irmãos Fuxi e Nuwa receberam ordens para vigiarem Lei Gong, o deus do trovão, que havia sido aprisionado pelo pai deles. Em nenhuma circunstância eles deveriam dar-lhe qualquer coisa para beber. Contudo, Nuwa ficou com pena quando o deus do trovão mostrou sinais de sede extrema e lhe deu um pouco de água, a qual ele usou então para derreter as barras de sua cela e escapar. Antes de desaparecer, deu à menina as sementes de uma abóbora, dizendo-lhe que ela e seu irmão deveriam entrar na abóbora quando tivesse crescido. Mais tarde, choveu sem parar por dias e semanas, e o irmão e a irmã entraram na abóbora, que boiou sobre a inundação. Quando a inundação cessou, o irmão e a irmã se casaram, e deram à luz aqueles que se tornaram a humanidade.

◄ DEUSAS-MÃES ►

Encontramos muito poucas deusas nas descrições paternalistas dos mitos da China; as exceções são as deusas-mães, como Nuwa. De acordo com o confucionismo, na unidade familiar a mãe era muitas vezes tão importante quanto o pai. Portanto, descobrimos que as mães de deuses ou dos fundadores das dinastias foram nomeadas. Muitos heróis foram concebidos sob circunstâncias sobrenaturais, tematicamente similares a partos virgens nas mitologias e religiões ocidentais. Essas histórias indicam que o matriarcado pode ter sido o sistema dominante na China antiga. Os mitos a seguir são apenas alguns desses que se referem a partos virgens.

Jian Di: mãe da Dinastia Shang

A Dinastia Shang (também conhecida como a Dinastia Yin, c. 1600-1046 AEC), a primeira grande civilização da Era do Bronze da China, tinha uma ancestral lendária, Jian Di. Ela foi a segunda esposa de Di Ku, que é muitas vezes nomeado como um dos Cinco

Imperadores Augustos. Seu filho, Xie (também chamado Qi), fundador da Dinastia Shang, nasceu de uma concepção milagrosa. Esse mito é contado em vários textos e poemas antigos, remontando ao século VI AEC. O historiador da Dinastia Ha Sima Qian registra uma versão da história nos *Anais do Yin*: "Quanto a Xie [o fundador] da Dinastia [Shang], sua mãe era chamada Jian Di. Ela era filha do clã Yu Song, e a segunda esposa de [Di] Ku. Um dia, ela e duas outras mulheres foram se banhar, e ela viu um pássaro negro pôr um ovo. Jian Di o pegou e o engoliu. Por essa razão ela ficou grávida e deu à luz Xie". As *Tian Wen* no *Chu Ci* também mencionam Jian Di e falam sobre a andorinha que lhe trouxe o ovo.

Os *Shiyi Ji* (Registros de Histórias Esquecidas), da Dinastia Han média, registram uma variante do mito na qual o ovo posto pelo pássaro negro trazia inscrita a palavra "oitocentos". Naquela noite, Jian Di teve um sonho no qual uma deusa-mãe lhe disse: "Você possui esse ovo, e você dará à luz a um grande filho". Diz a história que Xie nasceu e a dinastia que fundou durou 800 anos, como havia sido predito (uma previsão não tão implausível como em alguns mitos, dado que a dinastia na realidade durou cerca de 550 anos).

Jiang Yuan: mãe da Dinastia Zhou

Como a Dinastia Shang, sua sucessora, a Zhou (1046-256 AEC), também tinha uma ancestral mítica, Jiang Yuan. Ela foi a primeira consorte do deus Di Ku, e deu à luz o deus Houji, fundador da Dinastia Zhou. Aqui, uma vez mais, a gravidez se originou de uma concepção milagrosa, como narra uma longa descrição poética *Shengmin* (Dando à Luz o Povo) do *Shi Jing* do século VI AEC. Após oferecer um sacrifício ao deus supremo para superar sua impossibilidade de ter filhos, Jiang Yuan pisou em uma pegada gigante deixada pelo deus. No devido tempo ela deu à luz um filho, mas considerou a criança desafortunada e tentou abandoná-la à morte, primeiro, em uma via estreita:

Mas a ovelha e os bois o protegeram e o alimentaram.
Jiang Yuan, então, tentou colocá-lo em uma floresta,
Mas lá ele foi protegido por lenhadores.
Ela, então, colocou-o sobre o gelo frio,
Mas pássaros o cobriram com suas asas.
Quando os pássaros se foram
Houji começou a choramingar.

Nesse ponto, Jiang Yun cedeu e criou a criança, que perseveraria para dar à China seu principal alimento, milheto, e – de acordo com Sima Qian – fundaria a Dinastia Zhou. Rituais e lendas sobre Jiang Yuan foram registrados na década de 1920 na Província de Shaanxi, onde há um templo para a deusa no Condado Wenxi. Aqui, em março de cada ano, uma feira do templo ocorreria e óperas sobre ela seriam apresentadas.

HOUJI: O DEUS DO MILHETO

As planícies aluviais férteis do norte da China, alimentadas pelo Rio Amarelo, eram ideais para o cultivo do milheto, um dos dois principais alimentos – junto ao arroz no sul – que sustentaram o crescimento da civilização chinesa. Portanto, não surpreende descobrirmos que o deus do milheto, Houji, tenha alcançado proeminência no panteão chinês. Sima Qian (c. 145-86 AEC) faz uma descrição de Houji nos "Anais Básicos de Zhou" (em seu *Shiji*), considerando-o o ancestral fundador da casa de Zhou, que sucedeu a Dinastia Shang e dominou a China a partir de cerca de 1045 AEC.

A despeito de sua rejeição inicial, ele se tornou saudável e grande, e quando começou a se sustentar passou a plantar muitas coisas – feijões e milheto, melões e abóboras – e todos floresceram. Quando ficou adulto, plantou todos os tipos de grãos e diferentes tipos de milheto, e inaugurou sacrifícios ao deus supremo. Ele morreu e foi enterrado nas terras de Shennong, o deus da agricultura. Essa pode representar uma versão diferente do mesmo mito.

◄ 4 ►

OS PRIMEIROS DEUSES

É difícil relacionar os deuses da China antiga antes da Dinastia Han; por vezes, conhecemos apenas seus nomes, e é provável que muitos tenham caído inteiramente na obscuridade. Encontramos, por exemplo, muitas deidades nomeadas no *Shan Hai Jing*, mas poucas vêm acompanhadas de narrativas. Diferente das deidades mortais de muitas tradições e panteões ocidentais, os deuses chineses parecem ter tido uma expectativa limitada de vida: eles morriam, embora muitas vezes numa idade mais avançada do que os humanos. Nessa tradição, talvez vejamos a influência do confucionismo. O historiador da Dinastia Han, Sima Qian (*c.* 145-86 AEC), foi o primeiro a fazer um estudo sistemático de Huang Di (o Imperador Amarelo), transformando-o numa figura histórica, e num fundador adequado do povo chinês. De acordo com os confucionistas que queriam historicizar Huang Di, ele viveu por volta dos séculos XXVI ou XXV AEC, e morreu aos 113 anos. É difícil saber se isso se aplicava a todos os deuses, tanto em seu culto inicial como em suas canonizações posteriores; nossas fontes não deixam isso claro. Aqui, coligi os deuses antigos mais bem conhecidos, cujas histórias sobreviveram bem o bastante para permitir sua reconstrução.

◄ OS TRÊS SOBERANOS DIVINOS ►

No pensamento chinês, o número 3 é uma expressão de perfeição e totalidade. Durante a Dinastia Han, quando uma cronologia racionalizada da história antiga chinesa foi codificada, a tríade céu, terra e humanidade foi vista como a grande força espiritual do universo. Contudo, essa era uma concepção muito abstrata para os pensadores confucionistas. Três figuras prestigiosas da tradição mitológica foram, portanto, escolhidas como os Três Soberanos Divinos (*Sanhuang*), os primeiros governantes da China, figuras divinas que transmitiram suas habilidades e conhecimentos essenciais à humanidade. Devido a esses dons para a civilização, eles são muitas vezes referidos como "heróis da cultura". Embora a lista varie, Fuxi, como o primeiro deus nomeado que supostamente criou a humanidade a partir do caos primevo, sempre foi incluído. Assim como Shennong, o deus da agricultura e da medicina. O terceiro poderia ser Nuwa, a deusa-mãe, que encontramos no capítulo anterior; Zhurong, um deus do fogo; Suirenshi, que introduziu à humanidade a elaboração do fogo e os alimentos cozidos; ou Huang Di, o Imperador Amarelo.

◄ FUXI ►

Fuxi aparece consistentemente em fontes pré-Han como um dos *Sanhuang*. Portanto, ele deve ter sido de grande importância, mas muito pouco de suas histórias nos chegou nos textos sobreviventes. Seu nome aparece em uma variedade de formas, escrito com caracteres diferentes que têm a mesma ou quase a mesma pronúncia. Por exemplo, ele é chamado Baoxi no *Chu Boshu*, e na Dinastia Han ele recebeu o nome e atributos de outro deus pré-Han chamado Taihao, tornando-se Fuxi-Taihao.

Fuxi foi um dos grandes heróis da cultura: a ele é atribuída a invenção, dentre outras coisas, das artes da caça, música e divinação pelos *bagua*. Ele inventou a pesca observando como uma aranha lança sua teia, ensinou os homens a fazerem redes como teias de aranha e colocá-las na água para capturar peixes. Ele pode ter sido um deus caçador quando os chineses eram caçadores-coletores – animais selvagens eram uma fonte primária de alimento antes que a agricultura sedentária se tornasse dominante na China. Fuxi também inventou instrumentos musicais, como o *guqin* ou cítara, que em sua forma moderna é um instrumento tocado com sete cordas.

Um desenho a nanquim do século XIX de Fuxi-Taihao
segurando o símbolo Yin Yang.

TAIHAO

Em tempos pré-Han, Taihao foi muitas vezes incluído como um dos
deuses das Cinco Direções, governando em particular o leste e a
primavera, e associado ao elemento madeira. Ele era auxiliado pelo deus
Goumang nesses aspectos (em algumas fontes, Goumang era
simplesmente um título para um funcionário encarregado da madeira).
Durante a Dinastia Han, Taihao foi gradualmente identificado com o
deus Fuxi, e se fundiram como Fuxi-Taihao.

Fuxi-Taihao é hoje cultuado na Tumba de Taihao, no Templo Renzu
no Condado Huaiyang, Província de Henan. Considera-se que Huaiyang
seja a capital do reino mítico de Fuxi-Taihao. A cada fevereiro ocorre um
festival para celebrar o aniversário do deus.

Fuxi supervisionando os Oito Trigramas de divinação. De um álbum coreano do século XIX de 144 figuras históricas e lendárias chinesas.

Fuxi é lembrado principalmente por sua associação com Nuwa em mitos derivados da antiga tradição oral. Apenas esses foram salvos após a inundação, e quando esposo e esposa povoaram o mundo. Eles são muitas vezes representados como humanos da cintura para cima, com caudas de dragões ou cobras, na Dinastia Han ou em esculturas em pedra anteriores e em figuras desenhadas em seda. Isso levou alguns estudiosos a especularem que Fuxi fosse o filho de Lei Gong, o deus do trovão, que igualmente sempre aparece com uma parte superior humana e com uma parte inferior de dragão. Nuwa é muitas vezes mostrado com um compasso e Fuxi com um esquadro de construtor, indicando a crença em sua construção da terra, uma vez que no mito a terra é quadrada e o do céu, redondo.

As inúmeras representações artísticas de Fuxi e Nuwa fizeram o estudioso e poeta Wen Yiduo (1899-1946) pensar que no auge da Dinastia Han eles fossem os deuses mais importantes. Isso mudou no século III EC, quando Pangu foi visto como o fundador do mundo.

Fuxi nasceu no complexo do Templo Renzu (Ancestral de Todos os Humanos) na Província de Shaanxi, outrora conhecido como a Tumba de Taihao, mas agora considerada o templo de Fuxi e Nuwa. O templo foi reconstruído muitas vezes, e uma lenda relatada por locais em Huaiyang diz respeito ao fundador da Dinastia Ming (1368-1644), Zhu Yuanzhang. Antes que Zhu se tornasse imperador da Dinastia Ming, estava sendo perseguido por seus inimigos e se escondeu nas ruínas do templo. Em seu desespero, prometeu a Fuxi que reconstruiria o templo em troca da proteção do deus. Aranhas vieram e teceram suas teias sobre a porta, e, assim, Zhu evitou a captura, quando aqueles que o estavam buscando pensaram que ninguém poderia ter entrado na edificação há muito tempo. Quando se tornou imperador, cumpriu sua promessa de reconstruir o templo.

◄ SHENNONG ►

"Shennong conquistou todas as plantas com um chicote vermelho, e conhecia completamente sua brandura, toxidade e seu efeito de frio ou calor; guiando-se com seu cheiro. Ele semeou uma miríade de grãos. Por essa razão, todos o chamam o deus agricultor." Assim é a descrição do Shennong cabeça de boi em *Soushen Ji*, compilado por volta de 350 EC. O *Huainanzi* elabora: "Em tempos antigos, as pessoas se alimentavam de plantas e bebiam água dos rios, colhiam frutas das árvores e comiam a carne de mariscos. Naquela época elas frequentemente sofriam e eram prejudicadas por venenos. Assim, Shennong ensinou às pessoas a semear cinco grãos". A agricultura foi de fundamental importância na China antiga, e assim Shennong, como Fuxi, foi sempre um dos Três Soberanos Divinos.

O *Huainanzi* também nos conta que Shennong ingeriu os setenta tipos de ervas conhecidas pela humanidade, e então foi capaz de ensinar às pessoas como diferenciá-las: "Ele experimentou o sabor de todas as plantas, e a doçura ou a salobridade de todos os rios e fontes, permitindo às pessoas saberem o que evitar ou aceitar. Naquela época, ele se envenenava setenta vezes ao dia". Dessa forma, Shennong descobriu a medicina, e o primeiro manual medicinal da China, o *Shennong Bencai Jing* (Farmacopeia Clássica de Shennong), é atribuído a ele, embora na realidade esse trabalho tenha sido provavelmente escrito no século III AEC.

Mas mesmo o deus não era infalível. Ele acabou morrendo após ingerir o veneno de uma pequena flor amarela antes que pudesse se desintoxicar. Essa planta é agora conhecida como *duan chang cao*, "a grama destruidora do intestino". Ele foi cultuado na China posterior. Shennong é muitas vezes confundido com Yan Di, deus do fogo, possivelmente porque várias vezes foi chamado de deus do vento ardente, em referência à queima da terra nos tempos em que a agricultura do cortar e queimar era praticada.

Uma ilustração do século XVI do agricultor divino Shennong mascando um ramo, indicando seu papel na descoberta de plantas medicinais.

◄ SUIRENSHI ►

A proeminência de Suirenshi criador do fogo, como a de Shennong, pode ser vinculada à importância cultural da produção de alimentos. Ele descobriu que o fogo poderia ser criado furando-se a madeira. O *Tai Ping Yu Lan* (Leituras da Era Taiping), um dos grandes trabalhos encomendados pela Dinastia Song no século X EC, registra que ele foi a primeira pessoa a observar um pássaro bicando a madeira portadora do fogo na lendária árvore chamada Sui: "[Um sábio] descansava sob a árvore. Havia um pássaro semelhante a uma coruja. E quando ele bicou a árvore, repentinamente o fogo surgiu. O sábio se impressionou com isso; então, com um pequeno graveto perfurou a madeira para fazer fogo, e ele era um homem de Sui". Ele ensinou às pessoas o que ele aprendeu, e elas começaram a usar o fogo para se aquecerem e cozinhar, um passo essencial no caminho da civilização. Ele é o mais benigno dos deuses do fogo; Yan Di é faroleiro, e Zhurong, o fogo que destrói, é o mais pernicioso.

Uma impressão de Suirenshi criador do fogo, que introduziu o fogo e ensinou a humanidade como poderia ser usado para aquecer e cozer.

◄ HUANG DI ►

Huang Di, ou o Imperador Amarelo, é um dos deuses mais conhecidos da mitologia chinesa, e também a figura mais importante dos Três Soberanos Divinos e dos Cinco Imperadores Augustos. Literalmente, ele deveria ser chamado Deus Amarelo (*huang* significa "amarelo" ou "glorioso", em chinês, e *di* significa "deus"), mas ele tem sido traduzido tão frequentemente como o Imperador Amarelo que irei me referir a ele por esse nome mais conhecido. Ele era o mais belicoso dos deuses, derrotando todos os seus rivais, embora, em tradições posteriores, fosse visto como um governante moral e pacífico.

A mãe de Huang Di, Fubao, que é cultuada como uma deusa, concebeu-o após ver um *flash* de luz brilhante na constelação Ursa

Uma xilogravura da Dinastia Ming do Imperador Amarelo Huang Di.

Maior. O *Shizi*, escrito durante o período dos Estados Combatentes, mas que conhecemos somente pelas seções incluídas nas *leishu* (enciclopédias) posteriores, conta-nos que "Fubao viu um grande

QIN SHI HUANDI: PRIMEIRO IMPERADOR DA CHINA

Organizador impiedoso e brilhante, o Rei Zheng de Qin, um dos estados rivais da China durante o período dos Estados Combatentes, conquistou seus rivais e criou um Estado unificado em 221 AEC, declarando-se Qin Shi Huangdi: "O Primeiro Imperador Augusto". Previamente, o título *wang* havia sido usado para denotar um governante ou rei de um Estado. Após seu triunfo em conquistas militares, Zheng deliberadamente se arrogou os atributos da deidade mítica Huang Di, "o Grande e Impressionante Deus". Após seu reinado, *huangdi* se tornou o título para todos os governantes da China imperial.

Qin Shi Huangdi, o Primeiro Imperador da China. Desenho a nanquim do século XIX.

relâmpago envolver uma das estrelas na [constelação] do Grande Urso; ela estava tão brilhante que iluminou a área ao redor. Então, Fubao ficou grávida, e após vinte e cinco meses deu à luz Huang Di"

Hoje, o Primeiro Imperador é mais famoso pelo extraordinário Exército de Terracota, descoberto em 1974 próximo ao seu túmulo nas proximidades da atual Xi'an na Província de Shaanxi. Aqui, foram enterradas em fossos cerca de 8 mil figuras de barro de tamanho natural, retratando soldados em formação de batalha, assim como cavalaria e algumas belas carruagens de bronze. Essas figuras têm traços faciais individualizados, representando diferentes identidades étnicas. Mais de 600 mil homens trabalharam para construir sua tumba colossal e, até o momento, não aberta. De acordo com Sima Qian, suas câmaras subterrâneas reproduziam o cosmos: as estrelas e planetas foram estabelecidos em pérolas em seu teto convexo de cobre, e um palácio luxuoso foi cercado por grandes rios e mares reproduzidos em mercúrio.

Foram atos administrativos de Qin Shi Huangdi que moldariam o período imperial inteiro na China. Ele construiu uma vasta rede de estradas, criou trinta e seis províncias com governadores apontados centralmente, e impôs sistemas uniformes de pesos e medidas, moeda e escrita. Todavia, seus atos nem sempre foram benevolentes. O Primeiro Imperador – se acreditarmos na descrição anti-Qin de Sima Qian – também ordenou a "Queima dos Livros" em 212 AEC, uma campanha feroz para suprimir a oposição intelectual na qual 460 estudiosos dissidentes foram queimados vivos.

Supersticioso, o Primeiro Imperador viajou extensamente, consultando videntes e xamãs, buscando elixires que lhe garantissem vida eterna, e fazendo oferendas sacrificiais a espíritos da montanha e rio. Ele enviou homens jovens e virgens para contatar os imortais nas ilhas míticas de Penglai através do Mar Oriental. Sua busca por imortalidade se mostrou inútil: foi em uma dessas viagens à costa oriental que o Primeiro Imperador morreu em 210 AEC.

na colina que traz seu outro nome, Xuanyuan. Fubao era o consorte de Shaodian; e assim Huang Di foi considerado seu filho. A principal consorte de Huang Di é Leizu, que conhecemos como a deidade que encorajou pela primeira vez a sericultura (produção de seda). Muitas figuras lendárias remontam sua linhagem a Huang Di, entre eles Zhuanxu, outro dos Cinco Imperadores Augustos, e Gun e Yu, os heróis que controlavam a inundação. Em uma tradição muito posterior, ele é visto como o ancestral comum do povo Han ou chinês, que se referem a si mesmos como os "Filhos de Huang Di".

Huang Di inspirou muitas lendas de triunfo militar. Ele combateu Yan Di, um deus do fogo, na planície de Zhuolu (próximo à fronteira de Hebei e Zhanxi). Eles eram meios-irmãos, e cada um controlava metade do mundo. Huang Di era um rei compassivo e moral, mas Yan Di não. Isso inevitavelmente levou ao conflito entre eles. O *Liezi*, um texto taoista do século V AEC, registra que Yan Di, governante irascível que era, tentou subjugar seu irmão, mas Huang Di "liderou grandes ursos e ursos marrons, lobos, leopardos e felinos menores, com tigres na dianteira; ele tinha como bandeiras falcões, águias e faisões selvagens no ar. Houve três batalhas antes que Huang Di fosse capaz de realizar sua ambição". Finalmente, o Imperador Amarelo matou Yan Di e se apropriou de suas terras.

XINGTIAN

Uma das várias deidades inferiores que desafiaram sem sucesso a supremacia de Huang Di, de nome Xingtian, que significa "Punido pelo Céu", refletiu seu destino. Huang Di cortou sua cabeça e a enterrou no Monte Changyang. A despeito disso, Xingtian continuou lutando; de acordo com o *Shan Hai Jing*, "ele usou seus mamilos como olhos e seu umbigo como boca. Ele brandia seu escudo e machado, e dançava". Embora tenha sido derrotado, manteve a admiração do mundo por não se submeter. Um poeta da Dinastia Jin declarou que "seu espírito feroz viverá para sempre". Xingtian se tornou um símbolo da vontade do povo chinês para resistir a quaisquer dificuldades que enfrentassem.

CHIYOU

Chiyou vinha de uma família temível: ele tinha setenta e dois irmãos; cada um, como ele, tinha uma cabeça de bronze e comia metal e pedra. Considera-se que tenha inventado as armas de metal, tornando-se, assim, um poderoso deus da guerra. No *Guanzi*, uma coleção de textos míticos atribuídos ao funcionário Guan Zong do século VII AEC, aprendemos que Chiyou descobriu o metal na fonte de uma montanha: "Então, a montanha Ge Lu se abriu, e de lá vieram água e metal. Chiyou coletou o metal e com ele fez duas espadas, armadura e lanças. Naquele ano, ele submeteu nove senhores. Então, a montanha Yong Hu se abriu também, e de lá vieram água e metal. Chiyou coletou o metal e com ele fez as lanças de Yong Hu e as adagas-machados de Rui". A adaga--machado foi a primeira arma chinesa concebida inteiramente para batalha, e não para caça, e foi usada da Dinastia Zhou até o período Han.

O *Shan Hai Jing* apresenta duas descrições dessa batalha com Huang Di: em uma, ele foi capturado e morto por Huang Di (de acordo com o capítulo 17), na outra, pelo Dragão Responsivo (capítulo 14). O mesmo livro nos diz que, após sua morte, os grilhões de madeira usados para prendê-lo se transformaram em um bosque de bordos. A cor vermelha é associada a Chiyou devido ao bordo, e essa árvore permanece seu símbolo entre o povo Miao do sul da China, que o cultua como um ancestral remoto. Na Província de Yunnan, aldeais Miao organizam um festival anual que envolve dançar e tocar flautas de junco ao redor de um poste adornado com uma bandeira vermelha chamada "bandeira de Chiyou"; por causa dos chifres em sua cabeça e cascos, desenhos de chifres de boi são bordados em suas roupas e esculpidos em seus ornamentos elaborados de prata.

Uma ponta de adaga-machado datando de 110-950 EC.

Uma versão alternativa da história nos conta que Huang Di derrotou Yan Di, mas não o matou; em vez disso, mais tarde se reconciliou com seu meio-irmão, que, então, tinha muitos espíritos inferiores a seu serviço, e eles combinaram seus reinos.

Huang Di também combateu em Zhuolu com Chiyou, um deus guerreiro feroz. Uma versão do mito descreve como: "Quando Huang Di se estabeleceu pela primeira vez, teve de enfrentar Chiyou. Ele lutou com Chiyou nove vezes, mas não venceu. Teve de se retirar para o Monte Taishan. Houve neblina por três dias e três noites e tudo estava escuro. Apareceu uma mulher com uma cabeça humana, mas o corpo de um pássaro. Huang Di prostrou-se diante dela e não ousou erguer sua cabeça. A mulher disse: 'Sou a Senhora Escuridão. O que você quer?' Huang Di disse: 'Gostaria de vencer toda vez que ataco, fosse 10 mil vezes, numa emboscada ou num ataque direto, o que deveria fazer?' Então, ele recebeu a estratégia de guerra".

Huang Di pediu ao Dragão Responsivo para conter a chuva. Mas Chiyou tinha comando sobre os deuses do vento e da chuva, Fengbo e Yushi, e ordenou-os a levantarem uma grande tempestade. Agora, Huang Di buscava a ajuda de sua filha, Ba, que era a deusa da seca e ela parou a chuva, permitindo que Huang Di vencesse Chiyou. Para Ba, a história termina de forma menos afortunada: após ajudar seu pai, não pôde retornar ao céu, e onde quer que ficasse na terra era afligido por secas terríveis. Huang Di ordenou-a que vivesse no norte do Rio Vermelho, mas ela muitas vezes fugia, levando seca consigo. Somente cavando canais e orando para ela "ir para o norte onde deveria permanecer" as pessoas puderam trazer de volta a chuva. Em tempos pré-comunistas, antes que Mao Zedong iniciasse a construção de várias represas, incluindo a Represa das Três Gargantas, havia uma miríade de rituais na China rural para afastar Ba e trazer chuva para ajudar os agricultores.

O *Shan Hai Jing* também nos conta como Huang Di matou o monstro de uma pata Kui, e usou seu couro para fazer um tambor que soasse tão alto que o mundo inteiro se assombrasse: "Sua forma

FENGBO E YUSHI

O *Shan Hai Jing* registra como o deus do vento, Fengbo (*feng* significa "vento" e *bo*, "senhor"), e o deus da chuva, Yushi (*yu* significa "chuva" e *shi*, "senhor"), desencadearam uma tempestade em apoio a Chiyou em sua batalha com Huang Di, mas terminaram sendo derrotados pela deusa da seca, Ba. Curiosamente, uma descrição diferente dada por Han Fei Zi, um escritor do século III AEC, que retrata Fengbo e Yushi e mesmo Chiyou como deidades subordinadas a Huang Di em vez de seus inimigos, descreve uma procissão no Monte Tai: enquanto elefantes e dragões puxavam a carroça de Huang Di, Fengbo limpava a estrada, Yushi borrifava água e Chiyou apontava o caminho. Tanto Fengbo como Yushi deram lugar mais tarde nas lendas chinesas ao Rei dos Dragões, a quem as pessoas pedem por chuva, ou para fazê-la cessar, em diferentes partes do país.

era como a de um touro, seu corpo era cinza-escuro, sem chifres, e somente um pé. Quando emergia do mar era sempre acompanhado de uma tempestade. Seus olhos eram brilhantes como o sol e a lua. Sua voz era como o trovão. Seu nome era Kui. Huang Di capturou-o e fez um tambor com sua pele. Quando o tocou com um osso do deus do trovão, o som reverberou por quinhentos *li* (um *li* é meio quilômetro ou um terço de milha) e levou o mundo à submissão". Embora Chiyou fosse capaz de voar pelo ar e correr pelo mais íngreme dos caminhos, quando Huang Di bateu seu tambor-Kui, Chiyou foi interrompido em seus caminhos e Huang Di o decapitou.

As invenções de Huang Di

Considera-se que Huang Di tenha inventado muitas coisas úteis aos humanos, entre elas o *zhinan* (carruagem apontando ao sul), uma pedra magnética, ou pedaço do mineral magnetita naturalmente magnetizado, que apontava para o sul. Temos exemplos disso na Dinastia Han, embora só tenham sido usados muitos séculos mais

KUII

O *Shan Hai Jing* descreve Kui como uma fera estranha e um tanto ameaçadora. Contudo, várias das primeiras fontes nos contam que Kui era um mestre da música para os Reis Sábios Yao e Shun. Ele inventava canções imitando os sons que ouvia nas florestas das montanhas; se batia em uma pedra, toda criatura seguiria sua melodia e dançaria.

Confúcio fez um trocadilho com a característica de Kui ter uma só pata: *Kui yi zu*, que significava "Kui de um pé" ou "uma pessoa como Kui basta" (*zu* pode significar "pé" ou "bastante").

tarde para navegação. Em vez disso, elas eram usadas para alinhar casas, campos e tumbas nas direções cardeais desejadas.

Segundo uma inscrição da Dinastia Han próxima a uma escultura representando Huang Di, ele "inventou armas e o sistema poço e campo". (O modo como os chineses organizavam a terra era no formato do caractere para "poço", 井, deixando o espaço central para

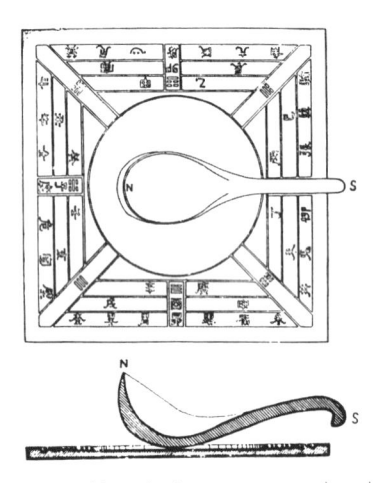

Desenho de um antigo *zhinan* chinês, um compasso de pedra magnética, supostamente inventado por Huang Di.

a manutenção do santuário ancestral e outros aspectos sociais que beneficiavam viúvas e órfãos do clã). Aparentemente, Huang Di também concebeu "peças de cima e de baixo de vestuário, e estabeleceu palácios e casas", e foi por instigação sua que seu conselheiro Cangjie inventou a escrita.

À consorte de Huang Di, Leizu, é atribuída a invenção da sericultura (produção de seda), que tem origem na China. Evidências arqueológicas de seda foram encontradas datando do começo do IV milênio AEC, e na era Zhou (*c.* 1046-256 AEC) parece ter sido muito amplamente disponível. Contudo, a sericultura era uma ocupação principalmente feminina, e as atividades femininas eram excluídas das fontes escritas pela classe escriba (predominantemente masculina). Todavia, Sima Qian nos conta que Huang Di se casou com

Produção de seda é mostrada nas *Yuzhi gengzhi tu* (ilustrações imperialmente comissionadas de agricultura e sericultura) na Dinastia Qing.

sua primeira e principal consorte, Leizu, que em muitas fontes era a deusa original do bicho-da-seda, e ela ainda é cultuada como tal. Considera-se que tenha nascido no décimo quinto dia do terceiro mês do calendário lunar. Nesse dia, uma grande cerimônia sacrificial ocorre próximo à aldeia Leizu, que ainda continua. É apropriado para Leizu ser honrada em Sichuan, uma vez que Sichuan é há muito famosa pela sericultura.

Havia muitas outras versões do deus do bicho-da-seda. Um deles se chama Cancong: *can* significa "bicho-da-seda" e *cong* significa

---

CANGJIE: INVENTOR DA ESCRITA CHINESA

Nos textos do período dos Estados Combatentes (476-221 AEC) encontramos muitas referências breves a Cangjie. Ele era o historiador oficial de Huang Di, que ficou insatisfeito com o método nó de corda de escrita, o único sistema que existia então (tibetanos antigos mantinham notas fazendo nós em cordas). Assim, Cangjie se sentou à beira de um rio para pensar em um modo melhor de registrar eventos e coisas, e viu uma única pegada deixada por uma fênix. Perguntando-se o que poderia ter deixado a impressão, perguntou a um caçador, que lhe disse que cada pássaro tinha uma pegada característica. Isso deu a Cangjie uma ideia: ele começou a descobrir as características únicas de cada objeto e a torná-los em pictogramas, formando um sistema de escrita. Ele apresentou ao imperador seus achados. Huang Di gostou e espalhou esse conhecimento para todo o império. A tal ponto que durante a noite mesmo os fantasmas choravam, pois temiam que pudessem ser acusados de crimes pela escrita humana.

Como o sistema de escrita chinesa é muito complicado, e até o século XX era a prerrogativa de uma classe alta que guardava intimamente a habilidade, não surpreende que se tenha pensado que um deus mitológico a tenha inventado. Para as pessoas comuns, a habilidade de ler e escrever era quase sagrada, e muitos santuários para Cangjie existem na China até hoje. Cangjie ainda é honrado no "método de entrada Cangjie", um modo de digitar caracteres chineses (baseados na ordem do traçado) usando um teclado qwerty. Esse método é ainda comumente usado em

---

"grupamento". É um nome que foi encontrado em textos descrevendo o deus ou reis de Shu (antiga Sichuan). Evidências escritas vêm de um texto da Dinastia Tang, citando antigas fontes que agora estão perdidas.

Cancong se estabeleceu como Rei de Shu. De acordo com a tradição, ele ensinava às pessoas sobre bichos-da-seda e amoreiras. Ele criou milhares de bichos-da-seda de ouro. No começo de cada ano, ele pegava os bichos-da-seda de ouro e dava um para cada pessoa. Os bichos-da-seda que as

Taiwan, mas é complicado, e muitas pessoas em vez disso digitam caracteres por sua pronúncia no dialeto mandarim padrão chinês – conhecido na China como *guoyu* (língua nacional) ou *putonghua* (língua comum) – estabelecido no século XX. O chinês padrão é agora a língua oficial da China, mas restam oito dialetos primários (e mutuamente ininteligíveis) e centenas de variações locais deles.

Uma ilustração da Dinastia Qing de Cangjie, inventor do sistema de escrita chinesa.

pessoas criavam sempre se multiplicavam prolificamente, de modo que no fim eles pudessem retornar o presente ao rei. Quando partiu para uma viagem real ao seu reino, onde quer que parasse em sua jornada, as pessoas criavam uma cidade comercial. Devido ao seu legado, as pessoas em Shu organizam um mercado de bichos-da-seda a cada primavera.

Outra lenda do bicho-da-seda é contada no *Soushen Ji* do século IV EC. Deve ter sido muito conhecida pelas pessoas pela tradição oral, ou seu autor, Gan Bao, não teria dito no começo:

[*jiu shuo*] desde há muito se disse que nos tempos antigos havia um homem que fizera uma longa jornada para o serviço militar; não havia pessoa alguma em casa, somente uma filha. Eles tinham um garanhão, que a menina estava alimentando. Ao redor, não havia pessoa alguma quando ela pensou em seu pai, e disse de brincadeira ao cavalo: "Se você pudesse fazer meu pai retornar, eu me casaria com você". Quando o cavalo ouviu isso, rompeu sua rédea e partiu. Após muitos quilômetros, chegou aonde seu pai se encontrava. O pai ficou contente e surpreso ao ver o cavalo, pegou-o e cavalgou-o. Quando o cavalo o viu chegar, choramingou e ficou olhando com tristeza para o lugar de onde vinha. O pai disse: "Esse cavalo não tem razão alguma para se comportar assim, alguém em minha família morreu?" Ele montou e voltou para casa.

Lá, o cavalo parecia ter mostrado tal inteligência que o pai lhe deu uma porção extra de alimento, mas o cavalo não quis comer. Sempre que o cavalo via a filha, ficava excitado e animado. O pai achou muito estranho e secretamente perguntou para sua filha. Ela lhe disse tudo, e ele achou que sua oferta de casamento devia ser a razão. O pai disse: "Nada diga, receio que você possa trazer vergonha para nossa casa, mas não saia". O pai matou o cavalo com uma flecha de sua besta, esfolou-o e deixou sua pele secando no pátio. O pai saiu, deixando sua filha brincando com a filha do vizinho próximo à pele do cavalo. Ela a chutou, dizendo: "Você é um animal e queria se casar com uma humana. Por isso, você foi esfolado, agora, para que serviu isso?" Ela mal parara de falar, quando repentinamente a pele do cavalo se levantou e a envolveu. A filha do vizinho ficou muito assustada e foi contar a seu pai, mas era muito tarde. Vários dias depois, entre os galhos de uma árvore grande, a menina com a pele do cavalo havia se transformado em um bicho-da-seda, virando-se em um casulo... Devido a essa história, as pessoas chamam a árvore de *sang*, que significa *perdida*. Todo mundo agora cultiva esse tipo de árvore... O ritual nos tempos da Dinastia Han era que a própria imperatriz coletava folhas de amoreira e sacrificava ao deus da sericultura [Cancong].

◄ YAN DI ►

Yan Di (deus do "fogo" ou da "chama") era o meio-irmão de Huang Di, para quem perdeu a batalha pelo domínio do mundo. Em textos antigos ele era reconhecido como um dos Cinco Imperadores Augustos, governando a estação do verão e o sul com seu subordinado Zhuming. Na tradição posterior é reverenciado como Huang Di, como um ancestral do povo chinês.

Um mito pungente no *Shan Hai Jing* diz respeito à filha de Yan Di, Nu Wa (que não deve ser confundida com Nuwa, a deusa criadora; o caráter empregado para *wa* é diferente, e significa "criança ou filha"). Segundo a história, Nu Wa "estava brincando no mar do leste quando afundou e se afogou. Assim, tornou-se um Jingwei. (Um *jingwei* é um pássaro ou espírito mítico guardião.) Ela carrega em seu bico pedaços de madeira e seixos para jogar na [água] na esperança de que possa barrar o vasto mar leste". Logo após, seu pai foi substituído pelo superior Huang Di, de modo que ela é afogada pelas forças poderosas do mar, mas se vinga tentando barrá-lo.

Em outras tradições míticas, Yan Di tem dois descendentes importantes: Chiyou, o deus da guerra, e Zhurong, o deus do fogo.

Nu Wa é transformada em um Jingwei mítico. De uma edição do *Shang Hai Jing* da Dinastia Ming.

◄ DI JUN ►

A primeira menção a Di (ou imperador) Jun é no *Shan Hai Jing*, provavelmente composto no século I EC. Aqui, ele é uma deidade importante e ancestral de descendentes portadores de cultura. Estudiosos especulam que ele tenha sido o principal deus do povo Yin na China Oriental, assim como Huang Di foi o principal deus do povo Xia da China Ocidental. Assim, quando o reino Yin colapsou, o Mito de Di Jun desapareceu.

Di Jun aparece mais proeminentemente nos mitos solar e lunar conectados com suas consortes Xihe e Changxi, e com as explorações de Yi o Arqueiro e sua esposa desobediente, Chang'e: "Di Jun dá a Yi arco escarlate e flechas de corda brancas, e lhe disse para ajudar o povo no reino de baixo. Yi fez isso para ajudar o povo de baixo com suas centenas de privações".

O *Shan Hai Jing* nos conta que todos os oito filhos de Di Jun estavam associados a instrumentos musicais, canto e dança. No mesmo capítulo, conta-nos também que o "Imperador Jun deu à luz Yanlong. Foi Yanlong que criou o alaúde e a cítara". Muito claramente havia muitas tradições míticas, atribuindo a criação de diferentes aspectos da cultura a uma variedade de deuses ou heróis. O filho mais famoso e divino de Di Jun era Houji, o deus do milheto.

Há outra deidade obscura, mas de *status* elevado, Di (ou imperador) Ku, também conhecido como Gaoxin. Ele pode muito bem ter sido outra versão de Di Jun, uma vez que se considera que tenha tido algumas das mesmas esposas e filhos. Ele foi neto de Huang Di e por vezes é nomeado como um dos Cinco Imperadores Augustos. Sua importância principal, além de sua associação a vários instrumentos musicais e canções, parece ter sido seu papel como deus ancestral. Ele foi o consorte de duas deusas, Jian Di e Jiang Yuan, que deram à luz cada uma um filho por parto virgem. Esses filhos, Qi (ou Xie) e Houji, se tornaram governantes lendários das dinastias Shang e Zhou, respectivamente. Di Ku figura como o principal deus (como Gaoxin) em um mito da Dinastia pré-Han sobre dois irmãos rivais, os quais Gaoxin tenta separar para os tornar mestres de duas estrelas separadas, Shen e Chen. Gaoxin aparece novamente, muito mais tarde, na história pós-Han de Panhu, o cão divino (que não deve ser confundido com Pangu, o gigante) como ancestral dos bárbaros Man. A história, relatada no *Soushen Ji* do século IV EC, declara explicitamente que visa a explicar a natureza incivilizada dos bárbaros, cujas origens, afirma, repousam em uma união bestial entre humanos e animais:

> Na época de Gaoxin, um médico criou um filhote de um cão estranho que provinha de uma criatura semelhante a um inseto que havia causado a uma idosa uma severa dor de ouvido. Esse cão havia sido colocado em uma abóbora (*hu*) coberta por um prato (*pan*) e assim recebeu o nome de Panhu. Aconteceu de o rei do país [Gaoxin] estar com problemas devido a uma rebelião, e disse: "Quem quer que se livre dessa rebelião será recompensado com muito ouro e

terras, assim como com a mão de minha filha mais jovem!" Ao ouvir isso, o cão partiu; pouco tempo depois, trouxe de volta em sua boca a cabeça do comandante dos rebeldes, o que levou ao colapso da rebelião. O rei ficou muito contente, mas não pôde recompensar o cão como prometera: "Panhu é um animal, ele não pode ser recompensado com a princesa como noiva". Em seguida, a filha de Gaoxin apareceu, e implorou ao rei para honrar sua promessa: "feita diante do mundo inteiro", por medo de que trouxesse catástrofe ao seu reino. O rei aquiesceu, e Panhu levou a princesa como sua esposa para a Montanha Sul. Vários anos se passaram e Panhu morreu. A princesa voltou à corte com os filhos que tivera com o cão. Essa é a origem dos bárbaros Man que, tendo vivido na natureza, não se acostumaram à civilização.

Um decalque a partir de tijolo entalhado do Imperador Ku, um dos Cinco Imperadores Augustos míticos da Dinastia Han.

Há várias outras versões dessa história; em uma, Panhu recebe a chance de se tornar humano entrando em um sino invertido, mas o rei não resiste à tentação de espiar antes da transformação estar completa. O cão havia se tornado humano exceto por sua cabeça, de modo que a princesa é obrigada a colocar uma máscara de cão para imitar seu esposo.

◄ SHAOHAO ►

Shaohao foi indubitavelmente um dos principais deuses – é por vezes nomeado como um dos Cinco Imperadores Augustos –, todavia, nossas fontes são um pouco conflitantes. O antigo *Huainanzi*, em sua descrição das Cinco Direções, associa Shaohao ao oeste, onde ele supostamente fundou sua capital. No capítulo 2 do *Shan Hai Jing*, aprendemos que Shaohao vivia em uma montanha no oeste chamada Changliu, habitada por "feras selvagens com caudas sarapintadas e pássaros com cabeças sarapintadas, e dali ele observava a condição do pôr do sol". Contudo, outro capítulo dos *Shan Hai Jing* não apenas o vincula ao leste como também a Zhuanxu: "Além do Mar Oriental há um grande lago onde Shaohao tem seu reino. Shaohao fez o deus Zhuanxu ser amamentado ali, e jogou fora seu alaúde e sua cítara". A *Zuo Zhuan*, uma história narrativa compilada no século IV AEC, registra: "Quando Shaohao chegou ao trono, fênices repentinamente apareceram. Ele, então, adotou os pássaros como seu emblema, criando um ministro pássaro e indicando pássaros para títulos oficiais". Esse é um padrão recorrente na mitologia clássica chinesa. Fênices, pássaros compostos de cabeça de faisão, asas de uma andorinha, bico de um papagaio, pernas de garça e corpo de pato, apareciam auspiciosamente em momentos de felicidade e glória. Mais tarde, vieram a simbolizar a imperatriz, assim como o dragão simbolizava o imperador.

O historiador da era Han Sima Qian, que foi o primeiro a tentar transformar Huang Di em uma figura histórica e fundador da raça chinesa, não faz menção a Shaohao. Gu Jiegang acreditava que Shaohao tenha sido inserido entre Huang Di e Zhuanxu pelo bibliotecário imperial Liu Xin (*c.* 50 AEC-23 EC) como parte de sua edição de textos antigos a fim de criar uma narrativa que legitimasse o governo da Dinastia Han.

Uma impressão da Dinastia Qing de uma fênix de nove cabeças com as penas da cauda de um pavão.

Nos *Shiyi Ji*, compilados pelo estudioso do século IV EC Wang Jia, Shahao era o filho de Huang'e, uma deusa tecelã que se apaixonou pelo Planeta Vênus. O túmulo de Shaohao, situado no leste de Qufu (lugar de nascimento de Confúcio) na Província de Shandong, tem um templo dedicado a ele, provavelmente construído na Dinastia Song.

◄ GONGGONG ►

Nem todos os grandes deuses eram benignos. O rebelde Gonggong, um deus serpentino da água, era muitas vezes acusado de liberar grandes inundações na China. (Retornaremos à recorrência de inundações na mitologia chinesa no capítulo 6.) Do *Huainanzi* aprendemos que: "No tempo de Shun, Gonggong agitou as águas da inundação para que afogassem o mais distante sul, a área em torno da Amoreira Oca". Uma história provavelmente composta no século V AEC e preservada nos *Guoyu* (Discursos dos estados) apresenta uma descrição ligeiramente diferente: "[Gonggong] queria represar os cem rios, reduzir a base mais elevada e bloquear a base baixa, e assim prejudicou o mundo. Mas o Céu Augusto se opôs a sua boa fortuna e as pessoas comuns se recusaram a ajudá-lo. Desastre e desordem se espalharam por toda parte e Goggong foi destruído".

ZHURONG: DEUS DO FOGO

De acordo com o capítulo 18 do *Shan Hai Jing*, Zhurong era descendente do deus da chama, Yan Di. Talvez, apropriadamente, ambos fossem vistos como deuses principais do fogo; de fato, *zhurong* ainda é uma palavra alternativa para "fogo", e o primeiro veículo espacial da China a aterrissar em outro planeta foi nomeado Zhurong e enviado a Marte – *huoxveículo espacialing*, "planeta de fogo".

O alto *status* de Zhurong é representado por sua inclusão em alguns textos como um dos Três Soberanos Divinos. No *Shan Hai Jing* lemos que: "No sul estava Zhurong, que tinha o corpo de uma fera mas uma face humana, e ele cavalgava sobre dois dragões". Em algumas histórias Zhurong combate o deus da água, Gonggong, e vence. Como no mito envolvendo o conflito de Gonggong com Zhuanxu, Gonggong tropeça no Monte Buzhou, que era situado no grande mar. O *Shan Hai Jing* também nos conta que Zhurong é aquele que mata Gun, que rouba o *xirang* (solo crescente) em sua tentativa de conter a inundação.

A versão ortodoxa do mito mudou para envolver Gonggong como um poderoso guerreiro que desafiou o deus do céu Zhuanxu pela supremacia: "Há muito tempo, Gonggong lutou com Zhuanxu para ser chefe dos deuses. Em sua fúria ele bateu contra o Monte Buzhou. O pilar do céu se rompeu e a harmonia da terra se desfez. O céu se inclinou para o noroeste, e é por isso que o sol, a lua e as estrelas se movem nessa direção. A terra tem um vão no sudeste, e é por isso que os rios inundam e sedimentos e solo passaram a repousar lá". Como vimos, a deusa ancestral Nuwa, então, reparou o céu com suas pedras de cinco cores. Algumas versões desse mito descrevem como ele combateu Di Ku ou o deus do fogo Zhurong em vez de Zhuanxu.

◄ ZUANXU ►

Zhuanxu, um dos Cinco Imperadores Augustos, foi o neto e sucessor de Huang Di. Embora Zhuanxu, também conhecido como Gaoyang, fosse um dos deuses mais importantes, pouco sabemos dele a partir de fontes escritas.

Zhuanxu teve muitos filhos, e para um deus que era basicamente benigno é notável que seus filhos não fossem; alguns eram fantasmas atormentadores; outros, feras terríveis. Ele também teve dois netos, Zhong e Li, os quais ordenou que separassem céu e terra. Zhong usou toda sua força para apoiar os céus com suas duas mãos, enquanto Li sustentou a terra abaixo, igualmente, com suas duas mãos. Assim, os dois mantiveram céu e terra separados, de acordo com o *Shan Hai Jing*.

Outra versão explica que o deus supremo instruiu Zhong e Li deste modo: "Pessoas comuns perderam sua confiança, a sociedade estava caótica... ao mesmo tempo, ele ordenou que Zhong guardasse o caminho dos deuses, e que Li cuidasse do povo, e ambos retornaram para a ordem antiga... Ele ordenou que Zhong e Li interrompessem o caminho pelo qual céu e Terra foram abertos um para o outro". Daí em diante, humanos e deuses foram separados uns dos outros, e os deuses não puderam mais criar caos entre os humanos. Essa descrição aparece nos *Shang Shu*, provavelmente como um produto da Zhou Ocidental, que pré-data as fontes da Dinastia Han.

CULTO A ZHUANXU

De acordo com o *Shan Hai Jing*, Zhuanxu foi enterrado no Monte Wuyu na província norte de Fujian com suas nove concubinas, embora hoje muitos lugares nas províncias de Henan, Hebei e Shandong afirmem ser o local da tumba do grande deus. Todo março no Condado de Neihuang, Província de Henan, ocorre um festival para celebrar seu nascimento, do qual participam peregrinos de toda parte. Ele é cultuado como um dos originadores da humanidade.

◄ LINGLUN: DEUS DA MÚSICA ►

Muitos mitos recontam a invenção da música e dos instrumentos musicais, e sua criação foi atribuída a muitos deuses. Nos *Lushi Chunqiu* (Anais da Primavera e do Outono do Mestre Lu), um texto da Dinastia Qin, alegadamente escrito por volta de 239 AEC sob o comando do Chanceler Lu Buwei, está dito que: "[Di] Ku... ordenou que Youchui criasse o tambor de guerra, os sinos, as campainhas,

Um grupo de mulheres musicistas de barro batendo palmas e tocando *tongba* (pequenos címbalos de cobre), *konghou* (harpa) e *pipa* (alaúde) em cerâmica do final do século VII.

as flautas de bambu... [Di] Ku ordenou que as pessoas os tocassem. Alguns batiam nos tambores... alguns sopravam as flautas de bambu, alguns tocavam as flautas de modo a fazer a dança da fênix. [Di] Ku ficou muito contente". Contudo, o criador de música mais popular foi o herói da cultura Linglun, que é considerado governador da música de Huang Di. Na tradição posterior, foi respeitado como o deus da música e o ancestral divino dos atores: até hoje, atores são chamados *lingren*, "pessoas de Linglun".

Linglun criou uma flauta com um pedaço de bambu, cujo som criava as cinco notas da escala de cinco tons chinesa (equivalente a *dó*, *ré*, *mi*, *sol* e *lá* no sistema *solfeggio* ocidental). E ele criou os oito sons produzidos por oito instrumentos musicais, incluindo o sino, o tambor de cordas, além de dois instrumentos de percussão e três de sopro.

SEMIDEUSES E HERÓIS DA ERA CLÁSSICA

Os mais importantes dos semideuses (ou heróis) na era clássica foram os Três Reis Sábios: mais comumente Yao, Shun e Yu, embora Huang Di também apareça entre eles em algumas fontes. Textos da Dinastia Zhou (1046-256 AEC) descrevem o período de seu governo como uma era de ouro e o estudioso da Dinastia Han, Sima Qian, começa sua descrição da história antiga da China com o Imperador Yao. Temos muitas outras fontes para nos basear sobre quando reconstruir os mitos e lendas que cercam esses indivíduos, uma vez que se enquadram bem no pensamento confuciano, emulando o comportamento moral próprio do mandato do céu de Confúcio.

◄ YAO ►

De acordo com os mitos, Yao era um homem de perfeita virtude. No primeiro livro, "Anais Básicos dos Cinco Imperadores", do *Hiji*, Sima Qian diz: "A benevolência [de Yao] era a do céu. Sua inteligência era a dos espíritos... ele era rico, mas não arrogante; nobre, mas não desdenhava os outros". Yao era prezado pelos confucianos como o exemplo de realeza, que mantinha as coisas funcionando em perfeita ordem. Ele inclusive entregou seu trono para alguém que era digno dele, em vez de a seu filho, um supremo ato de sabedoria.

Yao teve um nascimento milagroso; sua mãe, Qingdu, que veio para cultuar a Mãe de Yao, foi visitada por um Dragão Vermelho, que desceu até ela enquanto estava sentada perto de um rio. Ela deu à luz quatorze meses depois. Assim, embora Yao seja alegadamente o filho de Di Ku ou Di Jun – esposa divina de Qingdu – foi na verdade

WEIQI, OU O JOGO DE GO

Weiqi (literalmente "jogo de tabuleiro do cerco"), inventado na China e conhecido como *Go* em japonês e no mundo ocidental, era chamado *Yi* nas referências textuais mais antigas do século IV AEC. *Weiqi* é um jogo estratégico para dois jogadores: o objetivo é cercar mais território que o oponente no tabuleiro. Originalmente jogado em um quadriculado de 17 por 17 linhas, desde a Dinastia Tang tem sido usado em um quadriculado de 19 por 19 linhas. Tem regras relativamente simples, mas na realidade é muito complexo – estima-se que o número de jogos possíveis exceda o número de átomos no universo.

O *weiqi* era considerado uma das quatro artes cultivadas do cavalheiro estudioso chinês, junto à caligrafia, pintura e a prática do *guqin* (uma antiga cítara).

Homens jogando o *weiqi* na China imperial, provavelmente na Dinastia Ming.

o filho desse Dragão Vermelho. Ele viveu com os pais de sua mãe até completar dez anos.

Como filho do imperador, aos 20 anos Yao se tornou governante da China. A ele é atribuído o estabelecimento do sistema de divisão do ano em estações, e a criação de uma contagem calendária que ainda está conosco como o calendário lunar. Ele também reputadamente instituiu muitos rituais que ainda eram observados até o fim da era imperial.

Uma pintura em pergaminho do Imperador Yao, um dos Cinco Imperadores.

O filho mais velho de Yao, Dan Zhu, gostava de jogar e, assim, Yao inventou o *weiqi*, que ele ensinou ao seu filho. Na verdade, a habilidade de Dan Zhu no jogo superava a de todos os outros. Todavia, Yao achava Dan Zhou muito frívolo para governar bem o mundo, e, em vez dele, passou seu trono para um homem que considerava digno, chamado Shun. Yao exilou seu filho mais velho; em algumas versões Yao até mesmo ordena sua execução. Após a morte de Yao, Shun tentou ceder o trono a Dan Zhu, mas o povo não aceitou a decisão. Assim, Shun se tornou o governante, até passar o trono não para seu filho mais velho, mas para alguém não relacionado a ele: Yu.

Yao reinou por setenta anos antes de ser sucedido por Shun, e ainda viveu por mais vinte e oito anos, morrendo aos 119 anos. A importância de Yao para os confucionistas pode residir não apenas em sua escolha sábia para um sucessor apropriado, mas também em seu papel em recrutar Yi o Arqueiro para salvar a humanidade da seca e – de acordo com algumas versões – por sua parte na conquista de Gun e Yu das terríveis inundações.

◄ SHUN ►

Shun foi sucessor de Yao. Ele perdeu sua mãe quando jovem, e seu pai, o Velho Cego, casou-se com outra mulher. Ela tinha um filho arrogante chamado Xiang (Elefante) devido a seu nariz grande. O Velho Cego amava sua segunda esposa e muitas vezes pensou em se livrar de Shun. A despeito dessa crueldade, Shun tratava seu pai e seu meio-irmão com amor e grande respeito, e era bem conhecido por sua devoção filial (uma grande virtude chinesa, de acordo com Confúcio) na época em que tinha 20 anos. Aos 30 anos foi recomendado ao Imperador Yao como um sucessor apropriado.

Yao ordenou que suas duas filhas, Ehuang e Nuying se casassem com Shun, e pediu aos seus nove filhos que fizessem amizade com ele, de modo que pudessem observar seu comportamento. Yao deu a Shun excelente linho para vestir e uma cítara para tocar; depósitos foram construídos para ele e ele recebeu bois e ovelhas.

O Velho Cego e seu filho tentaram matar Shun. Na primeira vez, o Velho Cego ordenou a ele que reparasse o teto de um celeiro. Quando Shun contou a suas duas esposas, Ehuang e Nuying, elas lhe disseram: "Tome cuidado, eles podem machucar você; eles podem

Uma ilustração da Dinastia Qing do lendário Imperador Shun,
o último dos Cinco Imperadores.

colocar fogo no teto. Tire seu casaco velho e coloque este com seus padrões de pássaros". Quando Shun subiu ao topo do teto, seu pai tirou a escada e pôs fogo no celeiro, exatamente como Ehung e Nuyang haviam previsto. Mas Shun flutuou até o chão em seu casaco mágico. Outra vez, o Velho Cego pediu a Shun que cavasse um poço. Novamente, Shun contou a suas duas esposas, e elas lhe disseram: "Tome cuidado, eles podem machucar você. Tire seu casaco e ponha este com seus padrões de dragões". Shun foi cavar o poço, e seu pai e seu meio-irmão bloquearam a abertura do poço, que se encheu; mas Shun escapou nadando, auxiliado por seu robe mágico. Finalmente, o Velho Cego tentou embebedar Shun e matá-lo, mas suas duas esposas o banharam com uma loção mágica para impedir a embriaguez, mesmo após beber o dia inteiro.

O Velho Cego e Ziang, acreditando que Shun estivesse morto, dividiram suas posses. O filho queria as duas filhas de Yao e a cítara de Shun, enquanto o pai pegou os bois, as ovelhas e os depósitos. Xiang estava na casa de Shun, tocando sua cítara, quando Shun entrou. Xiang ficou surpreso e disse: "Estava pensando em você e fiquei muito triste". Shun disse: "De fato! Você está se comportando como deveria". Shun – o exemplo de devoção filial – continuou servindo seu pai, mas tratou seu meio-irmão com nova circunspecção.

Yao tinha outro teste para Shun: Shun foi enviado a uma floresta nas montanhas. Através de tempestades e tormentas, ele não perdeu seu caminho. Yao, então, sabia que Shun era digno o bastante para receber o mundo. Shun governou bem e sabiamente. Morreu durante uma inspeção de seu reino do sul e foi enterrado "nos campos de Cangwu", possivelmente na Província de Hunan.

As viúvas de Shun, Ehuang e Nuying, foram visitar seu túmulo. De acordo com uma lenda local, elas choraram nos bambus próximos ao Rio Xiang (um afluente do Yangtze), fazendo-os crescerem para sempre com as manchas das lágrimas das deusas. Essa é a origem do bambu sarapintado que é usado para mobiliário decorativo na China, que depois disso foi chamado o bambu das deusas de Xiang, ou *Xiangfei zhu*. As próprias deusas supostamente se afogaram no Rio Xiang, onde estourou uma tempestade enquanto estavam visitando o túmulo de Shun. Elas, então, tornaram-se as deusas do Rio Xiang.

O sucessor de Shun foi Yu, que recebeu seu trono do mesmo modo que Shun o recebera de Yao. Assim que Yi o Arqueiro salvou o mundo da seca escorchante, os beneficentes semideuses Gun e seu filho, Yu, controlaram a inundação que devastava a China.

◄ GUN E YU CONTROLAM AS ÁGUAS ►

Lemos sobre Yu nas nossas fontes escritas mais antigas. Muitas dessas referências são fragmentárias, mas todas apontam para sua importância: ele é chamado Da (Grande) Yu. Yu foi favorecido pelos deuses e tinha muitos auxiliares sobrenaturais em sua missão de frear o grande dilúvio, que estava forçando as pessoas a fugirem para as montanhas. Ele trabalhou tão duro para proteger o povo que "passou três vezes por sua casa, mas não entrou", um provérbio que entrou para a fala coloquial, referindo-se àqueles que trabalham incansavelmente sem pensar em seu próprio conforto. Considera-se que tenha vivido durante o reinado de Shun, segundo dos Três Reis Sábios, a quem então sucedeu, fundando a lendária primeira dinastia da China: a Xia.

Gun

Yu estava cumprindo um dever outrora designado por seu pai, Gun. O *Shan Hai Jing* nos conta que o deus supremo (algumas outras fontes mencionam o Imperador Yao) perguntou aos outros deuses quem ele deveria encarregar de frear a inundação, e eles recomendaram Gun. Embora o deus supremo não gostasse dele, deu-lhe a tarefa (de acordo com o *Tian Wen*). Por nove anos Gun lutou contra a água que se elevava, tentando inclusive bloqueá-la com terra mágica que havia roubado do deus supremo. Essa terra, chamada *xirang*, elevava-se sozinha e, assim, mantinha as águas distantes.

Quando o deus supremo descobriu que Gun havia roubado sua *xirang*, ficou muito bravo e ordenou que o deus do fogo, Zhurong, matasse Gun próximo a Yushan (Montanha de Penas). Gun foi devidamente executado, mas seu corpo não decaiu. Após três anos sua barriga foi aberta para revelar seu filho, Yu. O deus supremo ordenou agora que Yu realizasse a tarefa que Gun havia falhado em completar. Dessa vez, Yu pediu permissão para usar a *xirang*, e o deus supremo a concedeu.

Yu

As *Tian Wen* nos dão vislumbres tantalizantes das linhas gerais dessa história: "Como ele preencheu as profundas águas da inundação? Como estabeleceu os limites das Nove Províncias da Terra? O que o dragão alado traçou no chão? Para onde os mares e rios correm?" Em vez de tentar bloquear a inundação em um ponto único, Yu canalizou a água em nove rios. O Dragão Responsivo, um dos auxiliares sobrenaturais de Yu, batia na terra com sua cauda, demarcando os rios que controlariam a água. O *Shang Shu*, um dos Cinco Clássicos alegadamente coligidos por Confúcio, conta-nos o resultado dos esforços de Yu: "As terras ao longo das Nove Províncias foram tornadas habitáveis; as Nove Montanhas foram limpas de bosques supérfluos; as fontes dos Nove Rios foram abertas; os Nove Pântanos foram reunidos; o acesso à capital foi garantido nos Quatro Mares. Os Seis Tesouros foram reparados; comparações foram feitas entre as áreas, de modo que receitas fossem ajustadas; os campos foram classificados de acordo com seu solo. Yu estabeleceu um exemplo de virtude, e ninguém agiria contrário à sua conduta".

No Portão do Dragão, no extremo leste do Rio Amarelo, Yu fez uma caverna que tinha cerca de um *li* (meio quilômetro ou um terço de milha) de comprimento. O rio corria através dessa abertura; não havia espaço para cavalos nem pessoas de ambos os lados. A cada ano, na primavera, as carpas amarelas do mar e de todas as ilhas chegam no Portão do Dragão, mas somente setenta e duas delas podem passar através da Caverna do Portão do Dragão. No cruzamento do limiar, nuvens e chuva se reuniram, e fogo do céu queimou suas caudas; então, elas se transformaram em dragões. Esse episódio sobreviveu na fala coloquial atual, quando as pessoas falam sobre como "as carpas se transformam em dragões", referindo-se a candidatos que passam no Concurso para o Serviço Público com honras.

Outra versão dos feitos de Yu, do *Shizi* (século IV AEC), reconta: "Em tempos antigos, o Portão do Dragão não havia sido aberto... suas águas eram caudalosas e sua corrente, irregular, de modo que destruía tudo em seu caminho, e isso ficou conhecido como a inundação. Yu canalizou o rio e o fez fluir. Por dez anos Yu não visitou sua casa, as unhas pararam de crescer em suas mãos, nenhum pelo cresceu em suas pernas. Ele foi afetado por uma doença que fez seu corpo encolher, de

Um prato de porcelana da Dinastia Qing representando
um dragão e uma carpa.

modo que, quando caminhava, não podia levantar uma perna diante
da outra; as pessoas a chamavam 'o caminhar de Yu'".

Além da própria inundação, Yu teve de eliminar os monstros que
ela havia trazido consigo. Uma dessas criaturas era Xiangliu, que o
Shan Hai Jing nos conta ter sido "um subordinado de Gonggong. Era
uma cobra com nove cabeças com um apetite voraz. Ele rodopiava por
tudo e comia o que quer que estivesse na miríade de colinas. O que
quer que ele tocasse se transformava em pântano, tornando a água
azeda ou amarga, de modo que nenhum dos animais pudesse viver
ali. Yu bloqueou as águas da inundação e matou Xiangliu; seu sangue
contaminou a terra, de modo que as pessoas não puderam cultivar
quaisquer grãos nela. A área também era enxarcada demais para que
as pessoas pudessem viver lá. Yu tentou preencher a área, mas por
três vezes a terra colapsou. Yu não teve alternativa senão criar uma
poderosa piscina com a água, e com a ajuda de todos os deuses eles
construíram uma plataforma, que está ao norte do Monte Kunlun".

O *Wu Yue Chunqiu* (Anais da Primavera e do Outono de Wu e Yue), compilado por Zhao Yue, um historiador da Dinastia Han Oriental (25-220 EC), e provavelmente baseado em textos escritos no século I AEC, conta-nos como Yu encontrou uma esposa. Ele estava avançando na idade e sozinho. Assim, orou por um sinal, e um dia viu uma raposa branca com nove caudas. Ele a seguiu, lembrando da canção popular que prometia boa sorte para qualquer um que se casasse com uma garota de Tushan: "Yu disse: 'Branco é a cor de meus robes, e nove caudas são os símbolos de um rei'". Assim diz uma canção de Tushan,

> Uma raposa branca busca um parceiro
> Suas nove caudas são cerradas e fortes.
> Minha casa honra convidados (?)
> Meu convidado será rei,
> Minha casa prosperará, meu clã também,
> Farei você prosperar.
> Céu e humanidade se unem nisso,
> Não devo me demorar.

"Agora, entendo." Yu então se casou com uma garota de Tushan, e a chamou Nujiao (Garota Bonita).

Yan Shiku (581-645 AEC) continua a história em uma passagem não mais existente do *Huainanzi*: "Enquanto Yu estava criando os canais para a água, ele se transformou em um urso a fim de conseguir pegar melhor as pedras. Ele havia dito à Garota Tushan, que estava lhe trazendo comida, que ele bateria em um tambor de pedra quando fosse o momento de ela vir. Quando estava em sua tarefa, acidentalmente bateu em uma pedra. Quando a Garota Tushan ouviu isso, pensou que fosse o sinal combinado para levar-lhe comida, mas fugiu assustada e horrorizada quando viu o urso. Yu correu atrás dela até que ela se transformasse em pedra. Ele, então, gritou: "Devolva-me meu filho", pois quando ela fugiu estava em estado avançado de gravidez. A pedra se abriu e seu filho, Qi, nasceu. O nome significa "Aberto".

Yu levou nove anos para conseguir conquistar as águas, e, então, ordenou a Tai Zhang, um de seus ministros, que medisse a terra. Do polo leste ao oeste, mediu 233.575 passos. Ele ordenou a outro ministro, Shu Hai, que medisse 233.575 passos do polo norte ao sul. Finalmente, do abismo mais profundo da inundação, cerca de sete metros, Yu mediu 233.559 passos. Então, Yu represou as águas da inundação com a *xirang* mágica do deus supremo, e assim criou as montanhas. Desse modo, criou as Nove Províncias da China. Nove Províncias foi um termo usado para designar a área controlada pela Dinastia Shang, mas como mais áreas entraram no controle chinês durante a Dinastia Zhou e também mais tarde, o termo ficou obsoleto durante o período dos Três Reinos.

Tendo estabelecido a terra da China, Yu viajou a regiões mais distantes, basicamente em busca de almas cultivadas que pudessem ajudar o povo chinês a estender o uso de seus campos. Aprendemos sobre as terras que Yu visitou em livros pseudogeográficos. Por exemplo, os *Lushi Chunqiu*, compilados por volta de 139 AEC,

---

OS NOVE CALDEIRÕES DE TRIPÉ

Acreditava-se também que Yu tenha fundido os Nove Caldeirões de Tripé. Esses elaborados caldeirões, ou *ding*, eram feitos do ouro que havia sido acumulado como tributos das Nove Províncias. De acordo com a *Zuo Zhuan* eles foram entalhados com "figuras e signos que mostram às pessoas quais eram os entes sobrenaturais bons e maus, de modo que soubessem o que fazer se encontrassem demônios malignos em suas viagens por terras aquosas ou florestas". Esses caldeirões passaram a simbolizar o poder imperial quando passaram da Dinastia Xia para a Qin. Eles também emitiam juízos sobre governantes e seus regimes, ficando mais pesados quando o governo era virtuoso e mais leves quando não era, pronunciando, assim, o mandato do céu. Tristemente, foram perdidos durante as guerras de conquista no final do século II AEC e embora o Primeiro Imperador tivesse enviado mil homens para procurarem por eles, jamais foram encontrados.

FANFENG O GIGANTE

Além de suas atividades de controle das inundações, Yu também era conhecido como um exorcista que expulsava demônios. Outro deus menor encontrado pelo herói Yu foi Fangfeng, o gigante. O *Guoyu* (Discursos sobre os estados) registra um texto do final da Dinastia Zhou do século V AEC atribuído a Confúcio: "Há muito tempo, Yu reuniu todos os deuses no Monte Guiji [na moderna Província de Zhejiang]. Fangfeng chegou muito tarde. Yu mandou matá-lo e decapitá-lo. Um osso de seu esqueleto ocupava uma carroça inteira por ser muito grande".

De acordo com o *Shiyi Ji*, compilado cerca de mil anos depois no século IV EC, havia um templo dedicado a Fangfeng no leste da China no qual sua figura era retratada com uma cabeça de dragão e orelhas de boi. Em contraste, lendas coletadas na década de 1980 o representam como um herói da cultura que tentou controlar a inundação, mas foi equivocadamente morto por Yu.

---

conta-nos sobre sua viagem à "terra onde as pessoas tinham Dentes Pretos". O *Shan Hai Jing* menciona um lugar onde as pessoas tinham buracos expostos em seus seios, e outro onde as pessoas tinham somente um braço, mas três olhos. Muitos desses lugares são obviamente míticos, mas alguns ainda são reconhecíveis, especialmente aqueles contendo os nomes de rios. Muitos desses lugares foram objeto de grande curiosidade chinesa. Aqueles que foram provisoriamente identificados incluem a área de produção de seda de Sichuan e Dunhuang no distante noroeste, assim como áreas nas fronteiras da China como Coreia, Khotan e Índia, "a terra do veneno do céu".

Yu exemplificava a boa liderança confuciana. Era uma figura com poder divino, que controlou a inundação e salvou a humanidade. Era um guerreiro corajoso que combatia monstros ferozes. Ele mapeou o mundo e criou os Nove Caldeirões que pesavam o bom governo. Ele punha o dever público antes de preocupações privadas. Quase todas as fontes que nos contam suas histórias pertencem à Dinastia Zhou, embora ele ainda apareça em textos compostos muito mais tarde. E, a despeito de seu *status* mítico, recebeu *"status* humano", uma vez que seu túmulo estava próximo a Shaoxing, um local importante visitado pelo Primeiro Imperador, Qin Shi Huangdi, em 210 EC, e onde ainda é cultuado.

◄ FERREIROS LENDÁRIOS ►

Após Huang Di e Yan Di lutarem pela supremacia sobre o mundo, Huang Di lutou contra Chiyou, o deus da guerra, na planície de Zhuolu. Não surpreende que os criadores de armas tivessem um lugar especial nas mentes das pessoas, especialmente durante o período dos Estados Combatentes (476-221 AEC). Chiyou, como vimos, era famoso por sua habilidade em criar armamentos, e a arqueologia nos mostrou que essas criações não eram inteiramente domínio da fantasia. Alguns dos instrumentos de bronze, como a Espada de Goujian recuperada de uma antiga capital Chu e provavelmente feita por volta de 550 AEC, exibe claramente a habilidade notável de seus criadores. Os famosos forjadores de espadas da mitologia, como Mo Ye e seu esposo Gan Jiang, foram alegadamente ativos durante o período dos Estados Combatentes.

Considera-se que outra figura lendária, Ou Yezi, seja o ancestral de todos os ferreiros. Muitos ferreiros teriam feito espadas de bronze, que eram de uso comum. Mas, como aprendemos nas histórias antigas, eles fizeram experiências com ferro, uma tecnologia que, segundo muitos estudiosos, pode ter vindo do Oriente Médio. Foi Ou Yezi que descobriu que o ferro poderia ser usado para fazer espadas, e considera-se que muitas espadas identificadas tenham sido feitas por sua mão. Uma fonte nomeia Ou Yezi como sendo o pai de Mo Ye, e, assim, sogro de Gan Jiang. Outra fonte nos diz que Gan Jian foi treinado pelo mesmo mestre de Ou Yezi.

Os *Wu Yue Chunqiu* contam a história de Gan Jiang e Mo Ye, a descrição mais popular de forja mítica de espadas. Infelizmente, o livro não mais existe, mas é citado em trabalhos posteriores. Wu e Yue eram reinos do período dos Estados Combatentes, e famosos por ter os melhores artesãos de toda a China. A história mostra o trabalho duro dos ferreiros que criaram as espadas identificadas e cujas reputações se espalharam pelo mundo chinês. Eles muitas vezes faziam duas espadas ao mesmo tempo, o macho e a fêmea; e sacrifício humano era muitas vezes exigido. A história também mostra a quantidade de lendas que já havia se vinculado à fabricação de espadas de ferro.

A espada de bronze do Rei Bu Guang de Yue, período dos Estados Combatentes.

Gang Jiang era um homem de Wu. Ele e Ou Yezi outrora compartilharam o mesmo mestre; ambos eram bons na fabricação de espadas. O reino de Yue enviou a Wu três espadas de presente, as quais o rei de Wu, He Lu, apreciou enormemente. Assim, ele pediu aos artesãos que lhe fizessem duas espadas: uma seria chamada Gan Jiang, a outra Mo Ye, pois Mo Ye era a esposa de Gan Jiang. Quando Gan Jiang fez a espada, ele pegou o melhor minério das minas das cinco famosas montanhas. Esperou pelas melhores épocas, procurou pela forma da terra, quando o Yin e o Yang estavam certos, e a miríade de deuses pôde estar presente e observar. Embora a temperatura tivesse baixado, os melhores metais que reuniram não se fundiram. Gan Jiang não sabia a razão. Moe Ye lhe perguntou: "Sua boa reputação como ferreiro chegou ao rei, assim, ele encomendou a você a espada. Se não está completa em três meses, qual é a razão?" Gan Jiang disse: "Não sei a razão". Mo Ye disse: "Ouvi dizer que para a fusão desses metais vindos do céu é necessário sacrifício humano. Receio que não possa fazer a espada sem sacrifício humano". Gan Jiang respondeu: "Penso sobre o passado, quando meu mestre estava preparando o líquido para a fabricação de uma espada, esposo e esposa saltavam na fornalha, e somente aí os metais se fundiam. Agora, homens que buscavam os metais nas minas usavam roupas de luto, somente, então ousavam obter os metais. Se não posso fazer os metais se fundirem, deve ser por essa razão". Mo Ye respondeu: "Se você sabe isso, qual é a dificuldade?"

Nisso, a esposa de Gan Jiang cortou seu cabelo e jogou-o, com as aparas de suas unhas, na fornalha. Ela pediu que trezentas meninas e meninos usassem o fole e pusessem carvão na fornalha. Os metais se fundiram e a espada pôde ser feita. A espada masculina foi chamada Gan Jiang e a feminina Mo Ye. A espada masculina foi decorada com caracteres quadrados

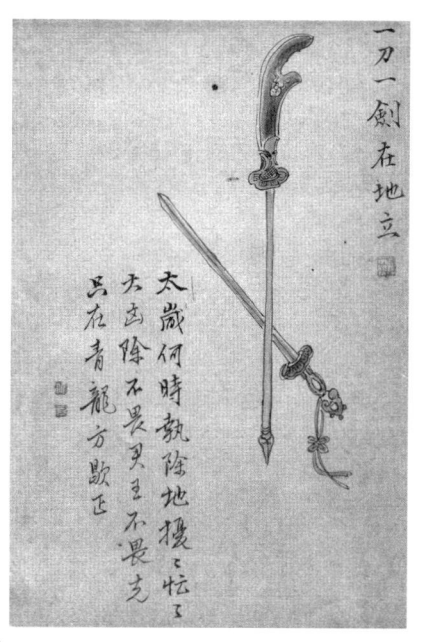

Uma ilustração de espadas de uma edição do século XIX da Dinastia Tang *Tui Bei Quan Tu*, uma coleção de profecias.

como a tartaruga, e a feminina foi decorada com caracteres fluidos. Gan Jiang escondeu a espada masculina, mas deu a feminina ao Rei He Lu, que a apreciou enormemente.

Não é necessário forçar muito a imaginação, ou, na verdade, a linguagem, para fazer Mo Ye se jogar na fornalha para apaziguar os deuses da metalurgia. Muitas histórias populares falam sobre o sacrifício humano que é exigido para qualquer coisa a ver com a fundição. Uma lenda de Pequim contava que o sino que soava enlutadamente de sua torre era o choro da mulher que se sacrificara para que ele fosse criado, saltando no cadinho da fornalha.

Mas se Mo Ye tivesse realizado esse sacrifício último como recontado acima, não teríamos a segunda parte da história, que é um drama de vingança. Essa versão da história é contada no *Soushen Ji*, que foi escrito no período Jin (266-420 EC), algum tempo após o colapso da Dinastia Han. Nessa história, a ação se move de We para Chu. Mo Ye está grávida de um filho seu, que cresce para vingar seu pai, a quem o rei matou por raiva:

> Em Chu, Gan Jiang e Mo Ye estavam fazendo duas espadas, masculina e feminina, para o rei. Três anos haviam passado e eles nada produziram. O rei estava com raiva e desejava executá-los. Na época, a esposa em estado avançado de gravidez. O esposo lhe disse: "Venho fazendo espadas para o rei há três anos sem sucesso. O rei está bravo comigo. Se eu for até ele, certamente irá me matar. Se você der à luz um menino, quando se tornar adulto diga-lhe: 'Se ao sair da casa ele olhar para as colinas do sul, onde um pinheiro cresce de uma pedra, atrás dela encontrará a espada escondida'". Ele então pegou a espada feminina e foi ver o Rei de Chu. O rei estava muito furioso e lhe disse, face a face: "Esta espada tem um masculino e um feminino: você me trouxe o feminino, mas não o masculino". O rei mandou que o executassem.
>
> O filho de Mo Ye foi chamado Chi Bi. Ele se tornou um homem grande e forte. Um dia, perguntou à sua mãe: "Onde está meu pai?" Sua mãe lhe disse: "Seu pai estava fazendo espadas para o Rei de Chu. Ele levou três anos. O rei ficou

bravo e mandou que o executassem. Quando partiu, ele me instruiu: 'Diga a seu filho: Se ele sair da casa e olhar na direção das colinas do sul, onde um pinheiro cresce de uma pedra, atrás dela está escondida a espada'". Chi Bi, então, saiu da casa e olhou para o sul; não havia colinas. Mas viu diante da casa um pilar de pinho em uma base de pedra. Ele abriu as costas do pilar com um machado e pegou a espada. Dia e noite, ele pensava em como poderia se vingar do Rei de Chu. O rei teve um sonho: um homem com 30cm de distância entre suas sobrancelhas estava determinado a se vingar e matá-lo. O rei ofereceu mil peças de ouro pela cabeça do jovem. Quando o filho ouviu isso, fugiu e foi para as colinas, cantando e chorando ao mesmo tempo. Um estranho o encontrou e perguntou: "Você é apenas um jovem, por que chora tão ressentidamente?" Ele respondeu: "Sou o filho de Gan Jiang e Mo Ye. O Rei de Chu matou meu pai e quero vingá-lo". O estranho disse: "Ouvi que o rei ofereceu mil peças de ouro por sua cabeça. Dê-me sua cabeça e a espada, e eu farei sua vingança por você". O filho então disse: "Isso seria excelente!" Ele imediatamente se matou, cortando sua própria cabeça, e com as duas mãos a apresentou junto à espada ao estranho, mas seu cadáver se manteve de pé. O estranho disse: "Não o desapontarei". O cadáver, então, caiu. O estranho, segurando a cabeça, foi ao Rei de Chu, que ficou muito contente. O estranho disse: "Essa é a cabeça de um homem corajoso, e deve ser fervida em um grande caldeirão [para evitar que se torne um demônio]". O rei assim o fez, mas, a despeito de fervê-la por três dias e três noites, a cabeça não se dissolveu, e pulou do caldeirão com uma aparência raivosa. O estranho, agora, disse: "A cabeça do filho não se dissolverá. Deixe o rei vir e olhar para ela, e com certeza ela se dissolverá". O rei se aproximou dela, e, com a espada que havia recebido, o estranho cortou sua cabeça, que caiu na água quente. O estranho, então, cortou sua própria cabeça, que também caiu na vasilha de água quente. As três cabeças se dissolveram e não puderam ser distinguidas. As pessoas separaram a carne da água quente e enterraram tudo, e chamaram o lugar do sepulcro a Tumba dos Três Reis. Agora, está no norte de Runan no país de Yichun.

Essa é uma das histórias mais famosas no *Soushen Ji*. Nada sabemos sobre o *ke*, que traduzi como "estranho", mas poderia também significar um "convidado" ou "andarilho". Todavia, nesse contexto, poderia também ser lido como *xiake*, "um convidado/andarilho cortês", ou *jianke*, "um andarilho com uma espada", ambos podemos reconhecer como um "cavaleiro cortês", ou o que os japoneses podem denominar *ronin*, "uma pessoa humilde que traz consigo um código de conduta", que fez o filho de Mo Ye confiar nele.

◄ 6 ►

RIOS E MONTANHAS SAGRADOS

Eventos climáticos severos aparecem frequentemente nas mitologias de sociedades agrícolas, cuja sobrevivência dependia da abundância confiável da terra. A seca, personificada em Ba, poderia resultar em perda da colheita e fome. Yi o Arqueiro derrubou nove dos dez escorchantes sóis originais e então impediu calamidades. Inundações, também, ocorrem frequentemente em histórias chinesas, que aparecem em textos da Dinastia Zhou em diante. Isso dificilmente surpreende: o grande Rio Amarelo que fertilizava as planícies do norte da China ditava os destinos das pessoas que viviam em suas margens, infundindo nutrientes vivificantes, mas também sendo capaz de destruir plantações e assentamentos, especialmente após o derretimento da primavera nos Himalaias. Não admira, então, que deuses salvadores poderosos o bastante para conter a inundação, como Gun e Yu, fossem extremamente populares, e suas histórias repetidas ao longo dos séculos. Desde tempos muito remotos os chineses buscaram aplacar os demônios que acreditavam controlar essas forças naturais perigosas. Cursos d'água e picos sagrados aparecem ao longo da mitologia chinesa, e durante a Dinastia Zhou era o imperador o responsável pelos sacrifícios rituais que mantinham os espíritos da montanha e do grande rio apaziguados.

Detalhe de uma pintura em pergaminho da Dinastia Qing,
Dez mil milhas ao longo do Rio Amarelo.

◄ DRAGÕES ►

Poucas imagens são mais fortemente associadas à China do que o dragão, que foi uma criatura muito diferente de seus primos ocidentais. Enquanto no oeste o dragão era um símbolo do mal, usualmente representado cercado por ossos humanos e tesouros em cavernas profundas e úmidas, ou em combate com um herói humano, o dragão chinês era um espírito intensamente nobre e basicamente benigno que habitava o céu. Simbolizava a água, que nutria a terra e permitia à civilização chinesa prosperar, embora possa, por raiva, liberar grandes quantidades de água, provocando terríveis inundações.

Encontramos temas de dragão desde os tempos neolíticos na China, sobre objetos como amuletos de jade e vasilhas de bronze. O dragão era possivelmente o totem da Dinastia Xia, um reino que governou *c*. 2070-1600 AEC. Escavações recentes em Erlitou – considerada a capital Xia, complementada com um palácio real e oficinas – desenterraram de um túmulo de elite um belo modelo de um dragão feito com mais de 2 mil pedaços de turquesa. Gradualmente, o símbolo do dragão ficou restrito apenas às representações imperiais, com suas cinco patas que significavam o próprio imperador.

YINGLONG: O DRAGÃO RESPONSIVO

Uma das menções mais antigas desse dragão ocorre quando Yu controla o Rio Amarelo; Yinglong, o "Dragão Responsivo", mostra-lhe como. Uma das questões crípticas no *Tian Wen* é: "O que o dragão alado traçou no chão?", referindo-se a Yinglong criando os caminhos dos Nove Rios com sua cauda.

O Dragão Responsivo volta, no *Shan Hai Jing*, para ajudar Huang Di no combate ao deus da guerra Chiyou. Huang Di ordenou que o Dragão Responsivo armazenasse toda a água e depois a usasse para inundar seu oponente Chiyou; mas seu plano falhou, e Chiyou só foi derrotado após a deusa da seca, Ba, vir em seu auxílio.

Pergaminho suspenso do Imperador Qianlong vestindo robes de dragão.

Durante a Dinastia Ming (1368-1644), o dragão era usado em palácios como a insígnia por sua majestade imperial, e nenhum plebeu poderia usar o signo do dragão.

Sima Qian, no *Shiji*, descreveu como, durante o período Xia, era possível domar dragões como podemos treinar cavalos ou cães, possivelmente baseando esse material em fontes anteriores que não mais existem: "O céu enviou dois dragões, um macho e uma fêmea. [O imperador] Kong Jia não foi capaz de cuidar deles, e perdeu o apoio do Clã Huanlong [Criador de Dragões]... Mas um Liu Lei aprendeu a técnica do Clã Huanlong de domar dragões e, então, obteve serviço com Long Jia. Kong Jia lhe concedeu o nome de Domador de Dragões". Tristemente, a história não termina bem, nem para o dragão nem para seu domador: "O dragão fêmea morreu e Liu a deu de comer ao [imperador] de Xia. O imperador enviou alguém pedindo mais, e, temendo ser punido, Liu Lei foi para outro lugar".

Algumas das mais antigas representações dos deuses da era clássica tinham caudas de dragão (ou serpente), como vemos em representações de Fuxi e Nuwa com caudas de dragão e corpos com a parte superior humana esculpidas em pedra ou pintadas em seda. Havia diferentes tipos de dragões, alguns com escamas e outros com nove chifres (nove era um número místico, embora por vezes fosse usado simplesmente para significar "muitos"). Vários deuses montavam dragões, do modo que as pessoas montavam cavalos.

Devido à sua associação com a água, apelava-se ao dragão em tempos de seca. Cerimônias para fazer chover muitas vezes invocavam dragões, que traziam nuvens de chuva quando apareciam no céu. *Duanwu*, o Festival do Barco Dragão, que é celebrado no quinto

Uma xilogravura do século XX representando o Festival do Barco Dragão. Os carimbos acima contêm desejos para o Ano-novo.

dia do quinto mês lunar – considerado um mês de má sorte – é uma cerimônia assim. No sul da China, é quando as chuvas da monção devem chegar; se não chegam, a colheita desse ano pode falhar. Uma explicação para o Festival do Barco Dragão é que se considerava que a corrida de barcos com dragões pintados em suas proas estimulasse os dragões a aparecerem no céu e trazer chuva.

Outra explanação vincula o festival – e sua tradição de jogar *zongzi* (bolinhos de arroz doce embrulhados em folhas de bambu) na água – para o poeta e autor do *Tian Wen*, Qu Yuan (*c.* 340-278 AEC). Qu Yuan, também reverenciado como um funcionário honesto, certa vez teve um sonho no qual reclamava ser incapaz de comer qualquer *zongzi* porque dragões maus os estavam comendo. Portanto, as pessoas correm com barcos dragão para espantar os dragões maus. Uma versão alternativa é que Qu Yuan, angustiado com o estado da nação, cometeu suicídio se jogando no Rio Miluo. O povo local que o admirava grandemente remou em barcos dragão para tentar encontrar seu corpo. Eles jogavam *zongzi* na água para impedir os peixes de comerem seu corpo, pois é muito importante

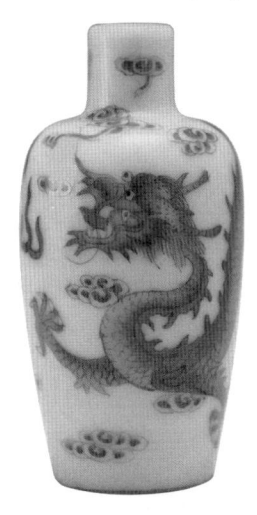

Uma garrafa de rapé em porcelana da Dinastia Qing decorada com um dragão perseguindo uma pérola.

na crença chinesa que um corpo seja enterrado inteiro. Esse é outro exemplo de mitos que se desenvolvem em torno de uma figura histórica real: um festival popular com um elemento mágico criado em comemoração a um poeta. O festival é amplamente celebrado hoje: todos comem *zongzi*, embora as corridas de Barco Dragão ocorram basicamente nos rios e lagos do sul da China e não no norte seco.

As pessoas também apelam a dragões por boa sorte para o próximo ano, especialmente durante o Festival da Lanterna, que ocorre no décimo quinto dia do primeiro mês do calendário lunar. Nesse dia, lanternas pintadas para parecerem partes de um dragão são reunidas e mostradas em desfile ao longo das ruas, como se um longo dragão estivesse visitando a cidade. Por vezes uma lanterna separada marca a pérola, um símbolo de sabedoria, que o dragão feito de lanternas persegue como se acreditava que fizessem. Embora essas encenações fossem outrora proibidas na China, têm sido revividas no país e em bairros chineses ao redor do mundo. No poder e auspiciosidade do dragão, vemos a influência do budismo, no qual o *naga* de descendência indiana se misturou com a lenda chinesa do dragão. O *naga* budista indiano era metade humano, metade cobra, entes assustadores e poderosos que, apesar disso, podiam vir em auxílio de pessoas em aflição.

◀ HEBO: DEUS DO RIO AMARELO ▶

De todas as deidades associadas a canais específicos – e havia muitos – o deus do Rio Amarelo (Huang He) era, sem dúvida, o mais importante. O rio, que passa pela maior parte da planície no norte da China, recebe seu nome da areia que ele apanha no Platô Loess, que torna suas águas amareladas e turvas, Como o rio é muito extenso, diferentes regiões ao longo dele desenvolveram suas próprias histórias sobre o deus do Rio Amarelo. Um de seus nomes era Hebo. Ele era um deus imprevisível e por vezes cruel, como o próprio rio, que é às vezes referido como "Tristeza da

China" devido às catástrofes que produzia antes que a engenharia moderna mitigasse os efeitos de sua inundação.

Há uma breve menção a Hebo no *Tian Wen* de Qu Yuan, que alude a uma história na qual Hebo é alvejado por Yi o Arqueiro, que abduziu a esposa de Hebo, Mifei, a deusa do Rio Luo. Wang Yi (89-158 EC), que compilou e anotou as *Chu Ci*, fez o seguinte comentário sobre uma descrição atribuída a Qu Yuan: "Hebo se transformou em um dragão branco e flutuou próximo à água. Yi o viu, alvejou-o, e feriu seu olho direito. Hebo foi reclamar ao deus supremo: 'Mate Yi por mim'. O deus supremo lhe perguntou: 'Por que você foi alvejado?' Hebo disse: 'Naquele momento me transformei num dragão branco e saí'. O deus supremo replicou: 'Se você tivesse guardado cuidadosamente sua divindade, como Yi poderia tocar em você? Se você fosse um réptil, é claro que seria alvejado por um homem, o que estaria certo. O que Yi fez de errado?'"

Hebo, o deus do Rio Amarelo. De um álbum de nove pinturas do século XIV relativas às *Nove Canções*.

Hebo guia uma carruagem puxada pelos dragões do Rio Amarelo.

Devido à ameaça grave de inundação que o Rio Amarelo representava, muitos rituais elaborados de propiciação foram desenvolvidos ao longo de suas margens. Um desses foi terminado abruptamente por Ximen Bao, um engenheiro hidráulico e conselheiro da corte do Marquês Wen, de Wei (r. 445-396 AEC), durante o período dos Estados Combatentes. No *Shiji*, Sima Qian nos conta que Ximen Bao era um antigo racionalista que aboliu a prática anual de oferecer um sacrifício humano a Hebo no Condado de Ye, Província de Henan. Previamente, uma menina virgem tinha de ser escolhida por sua beleza, vestida como uma noiva e colocada em um colchão que flutuava corrente abaixo até afundar. Ximen Bao ostensivamente se opôs à explicação de que a menina não era bonita o bastante – na verdade, ele havia descoberto que o sacrifício era uma armação, imposto por funcionários corruptos para intimidar locais a pagarem impostos altos – e jogou um xamã no rio para descobrir se Hebo estava ou não satisfeito com ela. Quando esse xamã não retornou, jogou outro. Quando esse também não retornou de sua consulta, ele sugeriu jogar todos os funcionários da área "para descobrir". Todos ficaram tão aterrorizados que as pessoas de Ye interromperam o costume. Ximen Bao então dirigiu um programa de construção de canais na região, de modo que o rio raramente inundava e a agricultura local prosperou.

◄ DEUSAS DO RIO XIANG ►

Talvez as deidades da água mais famosas da China tenham sido as duas filhas do lendário Imperador Yao: Ehuang e Nuying. Elas se casaram com seu sucessor, Shun, e, quando ele morreu, foram lamentar sua morte em seu túmulo no Rio Xiang, chorando tanto que mancharam os bambus que cresciam junto às suas margens. O

Pinturas a nanquim do século XIV de Whuang e Nuying, as deusas do Rio Xiang. De um álbum de onze pinturas relacionadas às *Nove Canções*.

barco que pegaram enfrentou mau clima, e elas se afogaram no rio. Seus espíritos habitam o Lago Dongting na Província de Hunan. No *Shan Hai Jing* lemos como elas "muitas vezes vagam sobre as águas profundas do rio... E toda vez que vagarem nele ou fora dele haverá inevitavelmente poderosos ventos e chuvas intensas. Há muitos deuses estranhos lá... Há muitos pássaros estranhos". Quando Qin Shi Huangdi, o Primeiro Imperador da China, visitou o templo da Montanha Xiang, enfrentou uma terrível tempestade e descobriu que esse era o lugar onde as filhas de Yao estavam enterradas. Elas continuaram a ser cultuadas até o período Tang.

◄ MONTE KUNLUN ►

O mítico Monte Kunlun, morada dos deuses, era um paraíso situado em algum lugar no oeste (ou possivelmente no sul – nossas fontes são contraditórias) da vasta topografia da China. Talvez possa estar vinculado à cadeia de montanhas hoje conhecida como Kunkun, que se encontra ao norte da Bacia de Tarim, no oeste da China, mas é difícil afirmá-lo. Embora essa cadeia de montanhas se situe além da área controlada pelos chineses na era antiga, os imponentes cumes nevados seriam visíveis a uma boa distância ao longo do ano inteiro. Além disso, o Imperador Wu (r. 141-87 AEC) despachou o explorador Zhang Qian em 139 AEC para buscar aliados na região para conter a ameaça imposta pelo Xiongnu, um grupo tribal nômade estabelecido na Bacia Tarim. Suas jornadas extraordinárias aumentaram enormemente o conhecimento da Dinastia Han sobre a região a oeste e norte de suas fronteiras, o que terminou levando ao estabelecimento das Rotas da Seda e à dramática expansão da China para o oeste.

Considera-se que o sobrenatural Monte Kunlun formasse um *axis mundi*, um epicentro do universo onde céu e terra se encontravam. Esse paraíso terrestre era governado pela Rainha-mãe do Oeste, Xiwang Mu, que vivia nas proximidades da Montanha de Jade. Suas características e sua importância mudaram ao longo do

Desenho a nanquim da Dinastia Song dos palácios dos deuses no Monte Kunlun.

tempo. Encontramos a primeira menção a ela em ossos oraculares da Dinastia Shang. "Se fizermos oferendas à Mãe do Leste e à Mãe do Oeste, haverá aprovação". No *Shan Hai Jing* ela é descrita em uma passagem que se acredita que registre um texto do século III AEC: "Há um lugar chamado Montanha de Jade, que é onde vive a Rainha-mãe do Oeste. Sua aparência é a de uma pessoa, mas ela tem a cauda de um leopardo, os dentes de um tigre e é boa em fazer um ruído que as pessoas chamam *xiao*. Em seu cabelo desalinhado ela usa um adorno [ou coroa] *sheng*. Ela controla as pestilências do céu e as cinco punições". Em um capítulo posterior, possivelmente do século II AEC, ela usa o adorno *sheng* e segura um bastão (ou cetro) enquanto se reclina sobre um banco; ao sul havia "três pássaros azuis para ela", que tinham "cabeças vermelhas e olhos pretos". Nesses textos a Rainha-mãe do Oeste não apenas governa o paraíso terrestre do Monte Kunlun, como também envia pragas e punições sobre a humanidade. Ela também deu o elixir da imortalidade para Yi o Arqueiro, cuja esposa, Chang'e, depois tomou para si.

À medida que o tempo passou e os valores da sociedade chinesa mudaram, Xiwang Mu foi transformada de uma deidade vingativa em uma deusa mais benigna. O *Mu Tianzi Zhuan* (História do Imperador Mu) – provavelmente um romance ficcional pós-Han produzido nos séculos IV ou V, a despeito de alegadamente ter sido encontrado entre os *Zhushu Jinian* (Anais de Bambus) do século III AEC – a Rainha-mãe do Oeste trocou presentes diplomáticos e versos com o Imperador Mu, registrado como o quinto governante da Dinastia Zhou. Na época em que a "História do Imperador Mu" foi escrita, Ziwang Mu estava associada a Dongwang Gong (Rei-pai do Leste), sobre quem sabemos pouco, e havia se tornado uma importante deidade a ser cultuada quando o taoismo aumentou sua influência. Mesmo ainda na Dinastia Ming (1368-1644) ela era conhecida afetuosamente, mas respeitosamente, como Wang Mu Niangniang (Rainha Wang Mu).

Xiwang Mu, a Rainha-mãe do Oeste, cavalga uma fênix, acompanhada por seu séquito.

OS ANAIS DE BAMBUS

Em 281 AEC, os *Zhushu Jinian*, uma crônica da China antiga, foram descobertos na tumba do Rei Xiang (m. 296 AEC) de Wei, um dos sete maiores estados durante o período dos Estados Combatentes. Os Anais foram escritos em tiras de bambu usando uma escrita caligráfica antiga que foi subsequentemente abolida, em 213 AEC, por Qin Shi Huangdi, Primeiro Imperador da China, quando ele introduziu um sistema de escrita uniforme que durou mais ou menos até o século XX. Os Anais originais foram perdidos, e nossas fontes vêm de extratos nos trabalhos de escritores da Dinastia pré-Song.

O número místico oito (pela harmonia, um número associado a todas as coisas da sorte) e o nove (pelos nove céus, outro número da sorte associado ao imperador) e medidas detalhadas e gigantes, aparecem na seguinte descrição do *Shan Hai Jing*:

> O Monte Kunlun é a área dentro dos mares, no noroeste, que era o lugar terrestre de habitação do deus celestial. O Monte Kunlun ocupa uma área de oitocentos *li* [483km] quadrados, sua altura é a de 8 mil *zhang* (29.260m). Em seu cume se encontra uma árvore que produz grãos [mágicos], que tem quatro *zhang* [14,6m] de altura, e cinco homens podiam abraçar sua circunferência. Na montanha há nove poços de cada lado, e cada um é cercado por balaustradas de jade. Há nove portões, cada um é guardado por um animal sobrenatural chamado Kaiming. É aí onde a miríade de deuses vive. Esses deuses vivem no penhasco de oito lados, próximo à margem do Rio Chishui (água vermelha). A menos que você seja um herói como Yi o Arqueiro, que alvejou os sóis, não pense que pode subir nesse penhasco.

O feroz Kaiming, uma fera com o corpo de um tigre e nove cabeças humanas, guardava a Montanha de Jade com uma série de outras criaturas ferozes, incluindo serpentes, felinos, aves de rapina e pássaros do paraíso, e um dragão. Assim como as doze árvores de jade (jade sendo associado ao divino) havia uma árvore gigante, a Árvore do Grão, que formava uma escada entre a terra e o céu. Essas "escadas do céu" são frequentemente mencionadas em textos míticos como o *Huainanzi* e o *Shan Hai Jing*. O deus Taihao também estava associado à gigantesca *jianmu*, ou "a árvore edifício": "A árvore *Jian* no Monte Duguang, pela qual os deuses sobem e descem [para e do céu], não faz sombra ao meio-dia... forma uma copa sobre o centro do mundo". Há muitas versões da *jianmu*. Mesmo montanhas mágicas como o próprio Kunlun podem ser escadas para o céu, pelas quais xamãs podiam chegar ao céu a partir da terra.

Foi no Monte Kunlun que Nuwa e Fuxi, os únicos a sobreviverem à inundação, casaram-se e tiveram filhos. Muitas lendas posteriores falam sobre esse lugar; ele permaneceu importante ao longo da mitologia e das lendas chinesas. Essa montanha mágica, que se considera existir no profundo sul ou oeste, deve ser diferenciada da cadeia Kunlun real que se situa no norte da Bacia Tarim no distante nordeste da China e que só ganhou seu nome na Dinastia Han, quando exploradores chineses viajaram ao longo da Rota da Seda.

◄ AS ILHAS DOS ABENÇOADOS: PENGLAI, FANZHANG E YINGXIA ►

Longe do Monte Kunlun no oeste, mais três montanhas míticas se localizam no Mar Oriental. Essas eram ilhas onde imortais moravam com fabulosas feras em palácios feitos de metais preciosos. De acordo com um comentarista do *Shiji* de Sima Qian da Dinastia Tang: "Toda flora e fauna eram de cor branca, e os palácios e portões eram feitos de ouro e prata". As ilhas apareciam e desapareciam segundo a vontade dos imortais: "Eram como nuvens quando se as contemplava a distância, mas quando se chegava lá as três ilhas de espíritos viravam de cabeça para baixo sob a água". Miragens que ocorrem na costa leste, como pode ser com frequência visto a partir de Qingdao na Península Shangong, podem explicar essas estranhas aparições e desaparições.

O Primeiro Imperador, Qin Shi Huangdi, em sua busca pela vida eterna, consultava videntes e xamãs. Em 216 AEC, enviou um grupo de meninos e meninas para contatarem os imortais nas ilhas míticas no Mar Oriental, mas eles não retornaram. Alguns diziam que fundaram a ilha do Japão. Quatro anos depois, uma subsequente expedição fracassou em chegar às ilhas, após ser espantada por um enorme peixe. Mais tarde, o próprio imperador foi em busca desse peixe, armado com uma besta, mas fracassou em encontrá-lo e morreu logo em seguida.

◄ AS CINCO GRANDES MONTANHAS ►

Assim como montanhas míticas, havia cinco picos reais que eram sagrados desde os primeiros dias do período Zhou, que cruzavam o mundo conhecido da China em tempos clássicos e eram reverenciados como lugares onde deuses e humanos podiam se encontrar. Essas Cinco Grandes Montanhas, as *Wuyue*, ficavam nas Cinco Direções importantes na crença chinesa. Elas eram: Huashan, no oeste (Província de Shaanxi); Hengshan, no sul (Província de Hunan);

Uma ilustração da Dinastia Qing em pergaminho manual do pico sagrado do sul das montanhas Hengshan.

Hengshan (escrito com caracteres diferentes), no norte (Província de Hebei); Songshan, no centro (Província de Henan); e, a mais importante de todas, Taishan, no leste (Província de Shandong). Nenhuma dessas montanhas mede mais do que 1.500m, mas se destacavam na região que eram basicamente de planícies ao longo do Rio Amarelo no norte da China, onde a civilização chinesa começou.

Situado no leste, onde a divindade da primavera residia, Taishan (Monte Tai), era cultuado como a fonte de vida para a China inteira. Em 219 AEC, o Primeiro Imperador organizou uma cerimônia sacrificial em seu cume e estabeleceu uma inscrição declarando a grandeza de seu governo. Imperadores subsequentes fizeram peregrinações a Taishan e às outras Cinco Grandes Montanhas, efetivamente marcando os limites de seu império, até o fim do governo imperial em 1911. Taishan preserva hoje aspectos da patronagem imperial como a tumba da mula branca, que morreu após carregar o Imperador Taizong (da Dinastia Tang) montanha acima. Ele lhe concedeu o título de "general" e fez com que a enterrassem com pompa. Há a desgastada "estela sem palavras", que se considera ter sido erigida pelo Primeiro Imperador, próximo ao pinheiro, sob o qual se abrigou de uma tempestade e que ele honrou como um funcionário do quinto escalão. Há também templos e santuários budistas

Um pergaminho manual representando a visita de inspeção ao sul do Imperador Kangxi. Esse pergaminho mostra sua jornada de Ji'nan ao Monte Tai, em 1698.

e taoistas para deidades locais como Bicia Yuanjun, a Princesa das Nuvens Azuis-celestes, também conhecida como a Mãe Sagrada do Monte Tai. Ela é um exemplo de uma pessoa possivelmente real que foi elevada ao *status* de deusa na Dinastia Song, considerada uma princesa que se recusou a se casar e, em vez disso, partiu para a Montanha de Taishan e se tornou uma imortal celestial. Ela era considerada uma protetora, semelhante à deusa budista Guanyin, e associada ao parto. Havia 102 templos dedicados a ela na Pequim da Dinastia Qing.

Montanhas permitiam uma comunicação mais próxima com os deuses e eram vistas como a morada dos dragões benevolentes, potencialmente portadores de chuva, girando nas nuvens. O budismo adotou suas quatro montanhas sagradas, cada uma dedicada ao culto de um importante Bodhisattva: Wutaishan, associada a Manjusri; Emeishan, a morada de Samantabhadra; Putuoshan, a morada costeira de Guanyin (Avalokitesvara); e Jihuashan, onde o Bodhisattva Ksitigarbha, que governa o além-mundo, é cultuado por pessoas devotas que vêm de toda a China após um luto, pedindo a intervenção de Ksitigarbha para que a alma dos mortos seja acompanhada com segurança ao paraíso.

Os taoistas também tinham quatro montanhas sagradas: Qingchengshan, Wudangshan, Longhushan e Qiyunshan. Qingchengshan, próxima a Chengdu em Sichuan, foi revivida logo após o fim da Revolução Cultural e tem uma comunidade de sacerdotes taoistas e muitos visitantes.

7

INFLUÊNCIAS BUDISTAS

As lendas da era pós-clássica, após a queda da Dinastia Han, são muito mais detalhadas do que histórias anteriores registradas pela tradição oral. Elas refletem a sociedade na era do império, por exemplo a burocracia e o sistema de concurso para o serviço público. Elas também apresentam uma série muito mais diversa de deuses que mostram claramente em seus traços e interações a influência de um novo culto do oeste: o budismo.

Uma página do *Sutra do Diamante* da Dinastia Ming ilustrando templos e deidades do Budismo Mahayana.

◄ BUDISMO ►

A chegada do budismo da Índia no século I EC anunciou uma grande mudança na história chinesa. Foi a primeira vez que aspectos de uma civilização comparável à China em riqueza e poder penetraram a cultura. Anteriormente, o Império Chinês emprestara ideias e tecnologias dos grupos étnicos de suas fronteiras, que considerava inferiores a ele, mas nunca havia encontrado uma cultura tão complexa e estranha quanto a civilização indiana. O que o budismo oferecia era uma visão totalmente diferente de religião e de vida; estudiosos dizem que seu efeito final não foi diferente do impacto ocidental na China durante a segunda metade do século XIX e o começo do século XX.

Quando o budismo chegou pela primeira vez à China durante a Dinastia Han, foi, sob certos aspectos, adotado como um ramo do taoismo. A terminologia taoista foi usada para traduzir termos do sânscrito, e o taoismo tinha um interesse similar na prática da meditação asceta. Mas muito em breve, na época em que os primeiros manuscritos foram produzidos na área de Dunhuang no século IV EC, ele emergiu como uma nova religião. O budismo era uma religião de salvação pessoal, um conceito totalmente novo aos chineses. Os budistas acreditavam que todo o sofrimento humano derivava de sua existência na terra, e que sua alma migrava para outro corpo na morte, um processo conhecido como *samsara*, ou metempsicose. O resultado dessa migração dependia de como a pessoa se conduzisse em suas existências anteriores, ou seu karma (do sânscrito *karman*, "agir"). Uma pessoa poderia entrar no nirvana – o estado último de paz, para além da ânsia e do desejo – somente através do bom karma, que liberava o indivíduo do ciclo de sofrimento que cada existência terrena envolvia. De acordo com o Budismo Mahayana – a escola de pensamento que se tornou predominante na China –, ao atingir o nirvana uma pessoa obtém a condição de Buda, o estado desperto ou iluminado. Há também um estado intermediário da condição de

Bodhisattva, no qual a liberação iminente de uma pessoa é postergada, de modo que possa trabalhar pela salvação de outros.

Encontramos a primeira evidência do budismo na China em Luoyang, a capital Han Oriental na Província de Henan, onde o Templo do Cavalo Branco foi estabelecido em 68 EC. As edificações hoje datam basicamente da era Ming, com pesada restauração em décadas recentes. Um tradicional templo chinês que consiste de uma série de pátios e salões, inclui duas estátuas de cavalos em

---

O LUOHAN

Tanto Bodhisattvas como *luohan* (*arhat* em sânscrito) eram entes que, devido aos seus feitos sagrados, atingiam o nirvana, mas decidiam permanecer para trás para ajudar a humanidade. Os quatro grandes Bodhisattvas, particularmente enfatizados no Budismo Mahayana – que foi a influência dominante no budismo chinês –, têm um lugar especial próximo ao Buda, e a assembleia de *luohan* é muitas vezes retratada em salas separadas em um templo. Embora houvesse apenas seis *arhats* no budismo indiano, há uma variedade de grupamentos nos templos chineses, de doze até 500.

Pergaminho da Dinastia Ming, *Os Dezesseis Luohans*, o *luohan* é apresentado como uma figura arcaica e excêntrica cercada pela natureza.

O Templo do Cavalo Branco em Luoyang, estabelecido sob o patrocínio do
Imperador Ming em 68 EC.

pedra, provavelmente da era Song. Atrás do salão principal, a poucos passos, fica o Terraço Frio, que se considera ter sido construído para os dois fundadores budistas indianos do templo para traduzir as sutras. É muito provável que o budismo tenha chegado com comerciantes da Ásia Central ocidental, pelo que se tornaria as Rotas da Seda. As primeiras traduções chinesas dos textos budistas foram introduzidas pelos partas, um importante Império Iraniano aproximadamente contemporâneo à Dinastia Han. Um mediador cultural assim foi An Shigao, que se estabeleceu em Luoyang por volta de 148 EC e parece ter produzido 200 trabalhos traduzidos. Essas traduções eram muito frouxas e imprecisas, com um imigrante budista explicando a fonte do texto a um falante nativo, que, por sua vez, dependia de um escriba chinês para registrar o texto. O budismo Han recrutou seus primeiros verdadeiros seguidores de círculos taoistas, de modo que havia uma tendência para interpretações taoistas.

Muitos monges budistas seguiram os passos dos primeiros missionários, mas foram as traduções de Kumarajiva (334-431) do reino budista de Kucha que se mostraram mais aceitáveis à elite chinesa, e, depois disso, traduções de textos budistas permearam lentamente todo o leste da Ásia. Monges chineses agora viajavam à Índia, peregrinos como Faxian (337-442), que viajaram para lá para obter as "escrituras (*sutras*) verdadeiras do budismo", e que só retornaram a Nanjing após terem andado pelo sudeste da Ásia em navios que eram atingidos por tempestades. A jornada do monge budista do século VII EC, Xuanzang, à Índia foi ficcionalizada no clássico da Dinastia Ming *Xi You Ji*; embora suas aventuras reais, que podemos reconstruir a partir dos registros da Dinastia Tang, tenham sido igualmente excitantes. Ele escapuliu da China, a despeito da proibição do Imperador Taizong de viagens ao exterior, e então viajou por dezessete anos, buscando e estudando com muitos dos estudiosos mais conhecidos da Índia. Nos últimos anos de sua vida, que ele passou na capital chinesa Chang'an (hoje, Xi'an), ele traduziu um grande número de textos budistas e foi muito admirado, especialmente por seus discípulos, que escreveram biografias que fizeram a crônica de seus feitos.

Uma ilustração da Dinastia Tang do monge budista Xuanzang em sua jornada, carregando uma mochila com pergaminhos, segurando um bastão e acompanhado por um tigre.

À medida que o budismo se tornou mais bem conhecido na China, os novos deuses da Índia se tornaram mais populares, muitas vezes com uma abordagem chinesa tradicional.

◄ GUANYIN ►

Sem dúvida, a deidade budista mais popular na China é Guanyin, a deusa da misericórdia e compaixão. Seu nome se traduz como "aquela que olha para baixo para o mundo e ouve seus lamentos". Sua imagem pode ser encontrada em toda a parte, incluindo muitos lares, e há templos dedicados a ela pelo país. Originalmente, era um Bodhisattva indiano no Budismo Mahayana com o nome de Avalokitesvara, que na China poderia ser masculino ou feminino (representações antes do século XII revelam um pequeno bigode),

Um desenho a nanquim da Dinastia Ming do Bodhisattva Guanyin e dos dezesseis *luohans* na ilha do Monte Putuo.

embora na Índia permanecesse estritamente masculino. Seu culto se espalha rapidamente por todo leste da Ásia. Como a compaixão era vinculada muito estreitamente à feminilidade na China, ela rapidamente se tornou uma deusa entre os chineses, que jamais haviam tido uma deusa tão importante. Até hoje ela é cultuada entre os budistas chineses como uma salvadora, especialmente de perigos no mar e no parto. É provável que deusas locais anteriores, a quem se orava por proteções similares, tenham se tornado amalgamadas a ela.

O culto de Guanyin era centrado em torno do Monte Putuo, uma ilha a sudeste de Shangai no arquipélago de Zhoushan, Província de Zhejiang. Ela foi cultuada pela primeira vez lá por algum tempo no século VII EC, durante a Dinastia Tang. Segundo a história, um monge japonês estava tentando levar sua estátua de volta ao Japão, mas uma tempestade caiu e ele foi obrigado a se abrigar no Monte Putuo. Ele decidiu que a estátua não queria deixar a China, e, assim, deixou-a na ilha e construiu um convento chamado "Relutante em Deixar o Monastério", que ainda existe, tendo atravessado várias encarnações.

Deusa budista ou princesa chinesa?

Alguns estudiosos antigos acreditavam que Guanyin fosse uma princesa chinesa antiga denominada Miaoshan. Seu pai, um rei cruel, tentou forçá-la a se casar com um homem contra sua vontade; todavia, ela fez um voto para se tornar uma monja budista e resistiu. Ela implorou pela permissão para se juntar a um monastério, e o rei terminou cedendo, mas ordenou que os monges lhe dessem suas tarefas mais desagradáveis. Ela fazia com alegria tudo que lhe pediam. Seu pai, enfurecido, ordenou que suas forças incendiassem o convento onde ela se refugiara, mas Miaoshan afastou as chamas, e assim o rei ordenou que ela fosse morta. Anos mais tarde, o rei foi afetado pela doença. Disseram-lhe que a única cura

A HISTÓRIA DE SHANCAI

Shancai (também chamado Sudana, em sânscrito) aparece muitas vezes nas histórias populares chinesas como um acólito de Guanyin. Dizia-se que na Índia ele era um menino mendigo com deficiência que queria aprender os ensinamentos de Buda, e assim ele viajou ao Monte Putuo, tendo ouvido que lá havia um Bodhisattva disposto a ensiná-lo. Quando chegou, Guanyin decidiu testá-lo, conjurando ilusões de monstros que o perseguiam. Ele correu tão rápido quanto pôde e se jogou de um penhasco enquanto perseguia os monstros, mas Guanyin o resgatou no ar. Ele então descobriu que podia caminhar com facilidade novamente, e se tornou seu dedicado servo.

era um olho e uma mão de uma pessoa disposta a sacrificá-los por ele. Ele não pôde encontrar quem fizesse isso, exceto Miaoshan, que havia passado ao além-mundo. Ainda assim, ela lhe deu um de seus olhos e sua mão; ele foi curado, e ela foi transformada na deusa da misericórdia, Guanyin, que é por vezes representada com um halo de mil olhos.

Muitas vezes, estátuas de Guanyin mostram-na carregando um cesto de peixes. Isso vem de uma lenda que envolvia o Rei Dragão, cujo filho, na forma de um peixe, foi pego por um pescador. O Rei Dragão nada pôde fazer para salvá-lo, mas Guanyin ouviu os lamentos do príncipe e enviou seu servo para comprar o peixe a qualquer custo. Isso provocou uma sensação no mercado, mas Guanyin foi capaz de humilhar cada um que tentasse comprá-lo, e seu servo o comprou e o soltou no mar. Uma versão diz que o Rei Dragão ficou tão grato que deu a Guanyin a "Pérola da Luz" que brilhava sempre. É por isso que estátuas de Guanyin são encontradas com um cesto de peixes em seu braço, e também por vezes com a Pérola da Luz. O costume de libertar peixes e outros animais comestíveis do cativeiro ainda existe, e vem parcialmente dessa lenda.

Uma estatueta de porcelana vitrificada da Dinastia Qing de Guanyin segurando um cesto de peixes.

◄ MAZU ►

Outra deusa protetora dos mares é Mazu (que significa "mãe" ou "ancestral materno"), também conhecida como "Rainha do Céu". Originalmente, uma figura taoista, ela era cultuada ao longo da costa do Mar do Sul da China, onde tempestades e tufões são especialmente frequentes, de Fujian a Taiwan e Hong Kong (onde é conhecida como Tin Hau, Imperatriz Celestial). Festivais dedicados a Mazu ainda são celebrados no vigésimo terceiro dia do terceiro mês do calendário lunar.

As origens de Mazu são incertas. Em algumas tradições, considera-se que ela seja baseada em uma mulher chamada Lin Mo; exatamente quando viveu é incerto, mas seu culto foi estabelecido por volta do século XIII. Uma fonte nos diz que ela era uma xamã da Província de Fujian, que viveu no século X. Ela é muitas vezes confundida com Guanyin, tanto que se supunha que Guanyin teria se encarnado como

Uma estátua de Mazu, do Templo de Tianhou, Tianjin.

Mazu. Em outra lenda, Mazu se tornou tão encantada por Guanyin que se tornou budista.

◄ RULAI FO: O BUDA CHINÊS ►

Sidarta Gautama ou Sakyamuni (o sábio da tribo dos Sakyas) Buda, mais bem conhecido simplesmente como o Buda, foi o fundador histórico do budismo. Templos budistas – incluindo aqueles na China – preservam em seu salão principal efígies de Gautama, o deus mais elevado do budismo. Ele veio para a China sob vários títulos, e é com mais frequência nomeado Rulai Fo.

Templos budistas estavam em toda a parte na China, em locais específicos como as montanhas sagradas budistas, mas havia muitos em cada cidade, uma vez que o budismo era a religião popular mais

Uma estátua colossal de Buda, incluindo um altar e oferendas,
no Templo Kwang Hau em Guangzhou.

praticada na China. Nos séculos XVIII e XIX havia centenas de templos e santuários budistas em Pequim e seus arredores. Templos budistas eram construídos como uma série de pátios e salões com os alojamentos dos monges nos fundos. Dentro do portão principal havia grandes estátuas de estuque dos quatro Reis Celestiais com armadura, muitas vezes representados pisoteando espíritos maus. Eles são *lokapalas* budistas indianos, protetores do budismo e do templo. Em sua incorporação chinesa, eles são: o Guardião de face negra do norte, que segura uma pérola e uma cobra; o Guardião de face vermelha do sul, que carrega um guarda-chuva com o qual pode conjurar tempestades; o Guardião de face azul do leste, que carrega um instrumento musical e pode convocar um exército de músicos; e o Guardião de face branca do oeste, que segura uma espada e lidera um exército de deuses-serpentes. No próximo pátio, diante das principais estátuas budistas no salão principal, há muitas vezes uma representação de Budai, o Buda gordo e risonho. O salão principal em qualquer templo exibe uma estátua de Buda, por vezes acompanhada por Bodhisattvas ou outras figuras, como o Buda da Medicina, e atrás desse conjunto principal de estátuas há muitas vezes uma representação de Guanyin.

◄ AMITABHA: O PRINCIPAL BUDA MAHAYANA ►

Amitabha (Luz Infinita) é o principal Buda na seita da Terra Pura do Budismo Mahayana, que foi inventado na China e é também conhecido como Budismo Chan (*Zen*, em japonês). Amitabha governa a Terra Pura do Oeste, um reino celestial, junto a Rulai Fo e a Bodhisattva Guanyin. O Budismo Mahayana ensina que uma pessoa pode atingir o renascimento na Terra Pura por meio de prática meditativa, cantando "Amituofo", uma combinação do nome de Amitabha e *tuofo*, que significa "em prol do Buda".

Um bordado da Dinastia Qing de Amitabha Buda.

◄ BUDAI: O BUDA RISONHO ►

Muitas vezes vemos a figura do Buda Risonho, um homem gordo, rindo, com uma barriga exposta, representado na arte e iconografia chinesas e encontrado em muitos templos. Ele é um personagem budista Chan (Terra Pura), um monge pobre, mas contente, que dizem ter vivido no século X EC, que embrulhou suas poucas posses em uma trouxa que carregava consigo em um bastão. O *budai*, ou "trouxa", tornou-se sua insígnia, bem como seu nome. Como um verdadeiro budista indiano, ele mendigava por sua comida, vagando em meio à população e deitando para dormir em qualquer lugar, independentemente do clima. Ele era amado por sua natureza carismática, calma e contente, e é muitas vezes representado cercado por crianças. Diz-se também ter sido capaz de predizer o futuro. Antes de morrer, em 917, de acordo com uma fonte, ele afirmou ser uma encarnação de Maitreya, o Buda do Futuro, o sucessor do Buda Gautama, que um dia chegará à terra.

Uma figura de porcelana de Budai, da Dinastia Qing, com sua face risonha e barriga grande e redonda.

◄ OS DEUSES DO ALÉM-MUNDO ►

Na China antiga, as pessoas tinham apenas um conceito muito vago de um além-mundo; Confúcio nunca se pronunciou a respeito de uma vida após a morte e o taoismo oferecia pouco consolo aos enlutados. Contudo, no budismo, considerava-se que o Bodhisattva Ksitigarbha (Di Zang) governasse o além-mundo, julgando os pecados dos mortos, e o Bodhisattva Amitabha oferecesse eventual salvação em um reino celestial. E, assim, o budismo deu aos chineses os conceitos de um reino do outro mundo, onde aqueles que tivessem realizado maus feitos em suas vidas encontravam punições e a esperança do paraíso.

Yanluo julga os Anulo mortos na quinta camada do inferno.

O deus budista Yama, conhecido como Yanluo na China, julgava os mortos no além-mundo, o qual passou a ser conhecido como Diyu. Diyu era imaginado como um tipo de labirinto, com dez camadas. Yanluo originalmente habitava na primeira camada, mas como era simpático aos que haviam morrido injustamente e os soltava no mundo para reencarnação, foi banido para a quinta camada do inferno, para onde os maiores pecadores religiosos são enviados – aqueles que mataram coisas vivas. Yanluo não tinha seu próprio templo na China, pois as pessoas acreditavam que trazia má sorte cultuá-lo. Em vez disso, ele usualmente recebia espaço no templo do deus local. A crença popular na China transformou o conceito budista original do além-mundo em uma série de cortes, em paralelo ao sistema legal burocrático enfrentado pelos vivos, onde juízes governam diferentes cortes para administrar justiça àqueles que cometeram pecados específicos contra a religião. Acreditava-se que as almas levassem 49 dias para passar por esse sistema legal budista. Após isso, os parentes dos falecidos iriam a um templo, fazendo oferendas a Amitabha, e entoariam seu nome para obter às almas dos mortos liberação para o paraíso. Essas cerimônias foram revividas após a Revolução Cultural e hoje muitas pessoas vão a Jiuhuashan, a montanha onde Ksitigarbha, o Bodhisattva que governa o inferno, um ente mais elevado que Yanluo, é particularmente reverenciado. Lá eles pagam por missas caras e extensas para os mortos, por banquetes e distribuição de doces aos presentes, e lideram o canto.

◄ O ARQUIVO DE DUNHUANG ►

A influência popular e difundida do budismo permaneceu amplamente desconhecida até o começo do século XX, quando uma descoberta ao acaso revelou registros escondidos em Dunhuang, outrora um centro das Rotas da Seda na Província de Gansu no noroeste da China. Lá, em 1900, um sacerdote taoista chamado Wang Yuanlu encontrou um notável arquivo de manuscritos em uma parte emparedada das "Cavernas dos Mil Budas", que se mostraram de grande antiguidade, incluindo fragmentos de cerca de 30 a 40 mil manuscritos datando dos séculos V ao X, amplamente dedicados ao budismo, principalmente em chinês, mas com ao menos dezesseis outras línguas representadas. O arquivo foi fechado por volta de 1000 EC, durante a Dinastia Song, possivelmente porque esses documentos eram considerados "resíduos sagrados" sob risco de destruição por saqueadores, como os Tanguts do outrora poderoso Estado de Xixia. O arquivo de Dunhuang foi uma verdadeira mina de ouro para estudiosos: os manuscritos ou seus fragmentos continham os rascunhos de sutras, contratos e documentos legais, rabiscos infantis de escola, canções populares e histórias em uma mistura de prosa e verso – de fato, tudo em que havia escrita foi entesourado e ocultado. Seu valor não era somente acadêmico; Wang usou os lucros da venda do arquivo para restaurar seu monastério decrépito.

Dunhuang ficava perto dos desertos do Gobi e Taklamakan, onde as Rotas da Seda se dividiam em rotas do norte e do sul. As Rotas da Seda carregaram muito mais do que seda; religiões importantes viajaram nos dois sentidos: budismo, cristianismo nestoriano e islamismo. Comerciantes traziam todos os tipos de coisas, incluindo animais – os chineses ficaram muito intrigados com o avestruz –, especiarias, vinho e cerâmica. Esses comerciantes passavam pelos grandes reinos budistas de Kucha, Khotan e Loulan. Contudo, os chineses fecharam o acesso à sua capital Chang'an (hoje, Xi'an) durante a onda de perseguições budistas no fim da Dinastia Tang e se voltaram para si na Dinastia Song. O tráfico ao longo da rota diminuiu, um processo que foi acelerado pelo desaparecimento das geleiras que irrigavam a área e pela chegada dos guerreiros islâmicos do extremo oeste.

Dos manuscritos de Dunhuang podemos concluir que a chegada das escrituras budistas esteve estreitamente conectada ao começo da literatura vernacular na China. O arquivo é famoso por conter a aparição mais antiga dos *bianwen*, uma forma altamente estilizada de literatura, misturando prosa e canção, que antes da descoberta de Dunhuang parecia ter emergido muito mais tarde na história chinesa. Essas histórias tendem a ser muito longas, oferecendo

A VENDA E DISPERSÃO DO ARQUIVO DE DUNHUANG

O arquivo de Dunhuang foi descoberto em uma época em que a China tinha pouco poder global e era vulnerável a atores estrangeiros. A Grã--Bretanha e a Rússia, cientes de possíveis incursões em seus respectivos territórios na Índia e Ásia Central, vigiavam-se mutuamente, e a Grã--Bretanha custeou expedições à Ásia Central pelo explorador e arqueólogo húngaro Aurel Stein (1862-1943). Durante sua segunda expedição, ele ouviu falar do arquivo de Dunhuang, e em 1907 persuadiu o monge taoista Wang a lhe vender cerca de 7 mil manuscritos completos e milhares de outros fragmentos. Stein não sabia chinês, então pegou o que pôde e trouxe seus achados para o Museu Britânico. Após estudos posteriores, descobriu-se que muitos eram cópias do mesmo sutra. Em anos subsequentes, nacionalistas chineses declararam Stein um ladrão e fizeram protestos contra ele. Contudo, na época, muitos dos outros documentos de Dunhuang também foram dispersos. Em 1908, Paul Pelliot (1878-1945), um sinologista francês que sabia ler em chinês, bem como em várias outras línguas, comprou 10 mil dos manuscritos de Wang e os trouxe a Paris. Subsequentemente, outros colecionadores ouviram falar do arquivo, incluindo Luo Zhenyu, de Pequim. Os chineses ficaram interessados principalmente naqueles documentos em chinês, ignorando grande parte dos que estavam em outras línguas.

O resultado dessa competição internacional pelo arquivo é que hoje os manuscritos estão espalhados pelo mundo, aparecendo em coleções em Londres, Paris, São Petersburgo, Quioto, Pequim e em outros lugares. Felizmente, o Projeto Internacional Dunhuang visa a conservar, catalogar e digitalizar todos esses documentos, disponibilizando-os ao estudo mundial.

---

numerosas descrições de demônios e das formas como infligiam sofrimento a homens e mulheres que haviam pecado, muitas vezes acompanhadas de ilustrações. Na verdade, alguns estudiosos suspeitam que o antecedente dos *bianwen* fosse um tipo de narrativa imagética transmitida à China pela Índia. Algumas das histórias são narradas em uma mistura de prosa e verso. Animadores, que não teriam conhecimento dos trabalhos clássicos que deram origem a essas lendas, teriam aprendido as histórias com seus mestres e aplicado o estilo dos *bianwen*.

◄ HISTÓRIAS BUDISTAS DO ARQUIVO DE DUNHUANG ►

Os *bianwen* encontrados em Dunhuang são amplamente, embora não todos, relacionados ao budismo. As mais populares dessas histórias são "Mulian Resgata sua Mãe" e "We Zixu", ambos são representados por mais de uma cópia ou fragmento nas "Cavernas dos Mil Budas" de Dunhuang. As origens do primeiro estão inteiramente na Índia budista (o herói recebeu o nome de Maudgalyayana, que os tradutores chineses converteram em "Mulian"), enquanto o segundo diz respeito ao herói popular da época da Dinastia Zhou oriental da China (770-256 AEC).

A lenda de Mulian

Essa história refuta a ideia de que os preceitos do budismo estão fundamentalmente em oposição às noções confucianas de devoção filial. Na Dinastia Tang, versões encontradas em Dunhuang, Mulian deixa sua família para se tornar um monge, e enquanto está fora, seus pais morrem. Ele observa o tradicional período de luto confuciano de três anos, no final do qual encontra seu pai por meio de Buda. Seu pai lhe diz que ele e sua esposa atuaram de forma diferente na vida, e que, assim, sua mãe caiu no inferno. Mulian é encaminhado ao Inferno Avici – o último e pior de todos os infernos. Quando Mulian chega ao sétimo compartimento, encontra sua mãe, a Senhora Liu Qingti, experienciando punições horrendas; ela só o reconhece por seu apelido anterior, Nabo. Com a ajuda de Buda, ela deixa o Inferno Avici, mas como todos os seus pecados anteriores de avareza não foram expiados, ela se torna um fantasma faminto, cujo alimento se transforma em fogo em sua garganta. Buda diz a Mulian que só pode salvá-la de seu destino se ele observar o "ritual do pote Yulan", que ocorre no décimo quinto dia do sétimo mês do calendário lunar, conhecido como o Festival dos Fantasmas Famintos. Pela veneração de Mulian a sua mãe, a Senhora Liu Qingti é então encarnada como um cão preto. Mulian a encontra e recita os sutras Mahayana por sete dias. Então, ela é reencarnada como humana. Essa história é a origem do Festival dos Fantasmas, celebrada na China até hoje.

Mulian encontra sua mãe sofrendo punições terríveis no inferno.
De uma pintura de pergaminho do século XIX.

A lenda de Wu Zixu

Essa lenda diz respeito ao herói popular muito conhecido do período da Primavera e do Outono da Dinastia Zhou (*c.* 770-476 AEC). Encontramos essa figura, Wu Zixu, em *Shiji* de Sima Qian, escrito por volta de 194 AEC, muito antes do advento do budismo. Todavia, nos *bianwen* de Dunhuang, sua história é contada com muitas referências a noções budistas de bem e mal, mostrando a influência do budismo na evolução das lendas chinesas.

A história é situada no reino de Chu. Começa com o rei, Ping, ordenando a execução do pai de Wu Zixu e de seu irmão mais velho sob suspeita de fomentar uma rebelião, e emitindo uma proclamação exigindo a cabeça de Wu Zixu. Wu Zixu, perseguido pelos homens do rei, tenta fugir para o reino vizinho de Yue. No Rio Ying encontra uma menina, que o alimenta e, em sua partida, mata-se, de modo que ele possa ficar tranquilo sabendo que ela não o trairá. Em seguida, encontra sua irmã; seus filhos tentam apreendê-lo, mas ele escapa. Ele chega à casa de sua esposa, onde implora por comida, e ela o reconhece. Após partir, ele se livra de seus próprios dentes, de modo que ninguém possa reconhecê-lo. Ele então encontra um pescador, que o persuade a ir ao reino de Wu em vez de ao reino de Yue; o pescador, também, se mata para tranquilizar Wu Zixu. Wu Zixu se torna um grande ministro no reino de Wu, e finalmente ataca e derrota o reino de Chu. Embora o Rei Ping esteja agora morto, Wu Zixu ordena que seja desenterrado para que seus ossos possam ser açoitados como retribuição pelo assassinato de seu pai e irmão mais velho. Wu Zixu consegue ser um ótimo ministro até que o rei de Wu morre, mas não consegue lidar com seu sucessor, e é ordenado a tirar sua própria vida. Wu Zixu prevê o fim de Wu e pede que seus olhos sejam suspensos sobre os portões da cidade para que possa ver o exército conquistador de Yue. Sua predição se realiza; a história termina com o exército de Yue vindo aniquilar Wu.

Nessas histórias, vemos como budismo e taoismo se combinaram para dar origem a algumas das lendas mais famosas da China. Pouco sabemos sobre como essas histórias se desenvolveram, mas vários séculos depois, durante a Dinastia Ming (1368-1644), quando a imprensa havia se tornado altamente desenvolvida, muitas foram publicadas, tanto sob a forma de romances como de contos. Assim, como veremos no próximo capítulo, a *Jornada ao Oeste* conta a conhecida história do Rei Macaco (ou simplesmente "Macaco"), enquanto a história da "Mulher de Branco" nos conta a lenda de Madame Cobra Branca.

8

Lendas da
Dinastia Ming

Antes da descoberta do arquivo de Dunhuang, nossa fonte primária de histórias populares da era imperial eram os romances da Dinastia Ming (1368-1644). Essas histórias já eram então completamente maduras, e apresentadas por contadores de histórias que se apresentavam em reuniões, como em casas de chá e festivais. Essas histórias também teriam sido recontadas em apresentações dramáticas das quais não temos quaisquer indicações, uma vez que as trupes de atores que viajavam raramente registravam suas palavras. Todavia, essas apresentações tinham claramente um impacto na imaginação das pessoas, e há muitos personagens dos romances da Dinastia Ming que são celebrados nessas peças.

Durante a Dinastia Ming houve uma mudança na direção da urbanização à medida que as cidades ficaram maiores, e uma classe semialfabetizada emergiu, incluindo pessoas como comerciantes, que necessitavam de um certo nível de alfabetização para exercer seu ofício. Esses não eram membros da pequena classe alta cujas crianças eram treinadas para prestarem o concurso ao serviço público, e que conheciam os clássicos de cor. Mais precisamente, essa era a classe semialfabetizada que aprendera a ler caracteres chineses e podia apreciar a linguagem na forma de texto escrito. Eles formavam um mercado novo importante para editores Ming, que eram nessa época capazes de produzir livros em massa, imprimindo em papel barato. Eles começaram publicando um grande número de romances, incluindo romances históricos; um dos mais famosos deles é *Xi You Ji*.

◄ JORNADA AO OESTE ►

Jornada ao Oeste, que apresenta as explorações de um monge viajante que é acompanhado pelo charmoso Sun Wukong (o "Rei Macaco" ou "Macaco"), é um dos romances chineses mais populares, impresso originalmente por vários editores diferentes na Dinastia Ming. Ficou famoso no Ocidente em uma versão abreviada conhecida como *Monkey: a folk-tale of China* [Macaco: uma história popular da China] (1942), traduzido por Arthur Waley. Traduções completas para o inglês de todos os 100 capítulos têm sido desde então publicadas. Uma versão japonesa para a televisão, *Saiyuki*, foi transmitida pela BBC na década de 1980 (como *Monkey*), e a Televisão da China Central também produziu uma adaptação. Há muitos antecedentes a esse livro maravilhoso; basta dizer que a história básica foi muito popular a partir dos séculos XIII ao XVI. Não conhecemos com certeza sua autoria, embora tenha sido atribuído a Wu Cheng'en (*c.* 1506-1582), um escritor que viveu basicamente como eremita em sua nativa Província de Jiangsu.

Jornada ao Oeste foi interpretada como "jornada dos humanos". O personagem principal, um macaco chamado Tang Sanzang, parte para coletar os verdadeiros sutras (escrituras) de sua pátria, a Índia. Ele é acompanhado por suas falhas humanas: sua vontade ou ambição, representada pelo Macaco, e seus apetites, incluindo ganância e lascívia, representada por Zhu Bajie (Porquinho). De fato, no século VII, um monge chamado Xuanzang (602-664), que recebeu o título de Tripitaka (Três Cestos, no cânone budista) em honra aos seus ensinamentos budistas, havia partido em uma busca assim. A jornada real de Xuanzang pelas Rotas da Seda para a Índia e o Sri Lanka foi narrada por seus discípulos, e contém histórias fascinantes. Todavia, essas não aparecem na *Jornada ao Oeste*; o romance é uma história inteiramente ficcional. Considera-se que a inspiração para Macaco seja o deus-macaco indiano Hanuman, um personagem importante no grande épico mitológico *Ramayana*.

Há uma longa introdução ao livro propriamente dito (típico da ficção popular da época), que conta as explorações de Macaco. Ele nasceu de um pedaço da pedra com que Nuwa, a deusa-mãe da humanidade, reparou o céu, e se tornou líder de outros macacos (que o apelidaram de "Rei Macaco") no "Paraíso das Flores e Frutas". Em sua morte, foi arrastado ao além-mundo, mas em vez de se submeter ao seu destino, apagou seu nome do Livro dos Mortos, e, assim, tornou-se imortal. Ele ascendeu ao céu, onde criou caos, enfurecendo vários deuses e chamando a atenção do Imperador Jade. Na tentativa de controlá-lo, o imperador lhe dá o posto inferior de "cuidador dos cavalos celestes". Extremamente enfurecido com esse insulto, Macaco é temporariamente apaziguado sendo apontado guardião do jardim de pêssegos celestial. Tudo isso é recontado no episódio do "Grande Caos no Céu", no qual Macaco é aprisionado pela

Tang Sanzang, Porquinho e um discípulo fazem reverência à deusa Guanyin enquanto Macaco observa. De uma edição da Dinastia Ming de *Jornada ao Oeste*.

primeira vez pelo lendário taoista Laozi, depois pelo grande Buda, para esperar a chegada do monge da China que parte para a Índia. Somente agora Tang Sanzang aparece no romance, e a partir daí a história foca sua jornada ao oeste.

Graças à muito amada deusa Guanyin, Tang Sanzang é capaz de recrutar discípulos, incluindo Macaco e Porquinho. Esses peregrinos encontram demônios que estão determinados a devorar Tang Sanzang, parcialmente porque ao comerem sua carne poderiam se tornar imortais. Tang Sanzang é capturado repetidamente por um grande número de demônios e espíritos, e fica a cargo de seus discípulos encontrar um modo de resgatá-lo. Contudo, o pior de tudo é o que eles encontram aos pés do próprio Buda, onde se deparam com a corrupção que mata as melhores intenções: os sutras que obtêm da fonte da religião estão em branco, porque os peregrinos fracassaram em subornar as criaturas que carregaram os sutras. Quando Macaco os reúne para protestar sobre isso ao próprio Buda, eles são ludibriados com todas as sortes de desculpas, como a de que o povo da China não entenderia que as escrituras em branco são mais valiosas. (Quantas vezes na história o povo da China foi ludibriado com o mesmo tipo de argumentos especiosos?) Contudo, a história tem final feliz. Muitos demônios são repelidos por Macaco, que pode arrancar cabelos de sua própria cabeça que se transformam em tigres ferozes ou centenas de pequenos macacos. Ele combate monstros, como o Monstro Alado Amarelo ou o Mestre Taoista do templo Amarelo das Flores, que enfraquece Sanzang dando-lhe chá envenenado. Macaco consegue subjugá-lo e a suas "irmãs aranhas", enquanto o Mestre Taoista reverte para sua forma real de uma centopeia de sete metros e é morto por Porquinho. Os peregrinos também resgatam 1.111 meninos pequenos que haviam sido colocados em jaulas, impedindo-os de serem comidos por um rei que quer usá-los para fazer um elixir de longevidade. Tendo feito as pazes com aqueles em torno do Buda por sua incansável luta contra inimigos da religião e sido recompensados com centenas de sutras budistas, os peregrinos retornam à China, magicamente rodopiando pelo ar até seu destino em Chang'an.

O livro deve sua popularidade em grande parte ao irreverente Macaco, que é cheio de travessuras. Todavia, a história também perdurou devido às suas sutis reviravoltas, que mostram os personagens claramente, como a competição entre Macaco e Porquinho, que possuem habilidades que podem ser usadas nas batalhas contra demônios, mas que têm inveja um do outro e ficam muito felizes em contar histórias a Tang Sanzang. Em um ponto ele temporariamente bane Macaco devido às insinuações de Porquinho, somente para que Porquinho implore por seu retorno.

A estrutura de *Jornada ao Oeste* se originava evidentemente na execução de contadores de história, que regularmente sumarizam o que ocorreu antes, de modo que possamos entender cada episódio facilmente. Desse modo, podemos ver como o romance foi

Macaco combate o espírito-aranha.
Xilogravura de uma cena de *Jornada ao Oeste*.

baseado em peças individuais ou episódios que podiam ser recontados em uma noite. Graças à sua profundidade psicológica, a história manteve sua popularidade por centenas de anos, e ainda é regularmente executada na China em várias mídias. Na verdade, a rica caracterização deu a ela um novo fôlego como um tema favorito para novas imagens do século XX, quando ideias ocidentais sobre o romance como uma forma de arte entraram na China.

◄ O ROMANCE DOS TRÊS REINOS ►

O popular *San Guo Yan Yi* (Romance dos Três Reinos), outro produto da Dinastia Ming, é conhecido por todos os chineses. É um romance histórico muito romantizado que emergiu dos *Registros dos Três Reinos* do historiador Chen Shou no século III EC, uma crônica da época caótica após o declínio do Império Han na qual os reinos de Wei, Shu e Wu competiram pela dominação última ao longo do período dos Três Reinos (220-280 EC).

"Juramento do pomar de pêssegos." Pintura japonesa em seda de uma cena de *O romance dos Três Reinos*.

A história é cheia de ação, seguindo as várias maquinações políticas e manobras militares dos líderes de guerra que competiam pelo poder. Esses eram basicamente Liu Bei, governante do reino de Shu, e Cao Cao, líder do reino de Wei, junto a um número amplo de personagens das classes altas da sociedade. Liu Bei compartilhava o sobrenome dos imperadores da moribunda Dinastia Han, que o tornou o sucessor dela. Liu Bei formou uma aliança com os generais Zhang Fei e Guan Yu em uma famosa cena adaptada no *Pomar de flores de pêssego*.

O tema principal do romance é a integridade, em todos os sentidos da palavra. O colapso da Dinastia Han e o rompimento da China em estados combatentes separados é vista como um desastre. O romance começa com a frase: "O império, há muito dividido, deve se unir; há muito unido, deve se dividir", antecipando futuros períodos

Liu Bei, Zhang Fei e Guan Yu realizam uma cerimônia sacrificial antes de fazerem o juramento. De uma edição da Dinastia Ming de *O romance dos Três Reinos*.

de desunião na queda das dinastias Tang e Song. A possibilidade de restaurar o governo central depende da integridade moral dos personagens principais. O mais intrigante é Zhuge Liang, uma figura histórica real, conselheiro-chefe de Liu Bei, cujos estratagemas ardilosos formam o estofo da lenda. Com um estoque desesperadoramente baixo de flechas, ele enviou barcos cheios de palhas através do acampamento inimigo na margem de um rio e recolheu todas as flechas que eles atiraram nesses barcos chamarizes. Mas seu feito mais famoso foi o "estratagema da fortaleza vazia". Uma vez mais, com poucos homens e armas, ele ocupou uma fortaleza murada e disse a seus homens para se esconderem dentro dela, deixando um ou dois removendo as pedras no portão de entrada aberta. Zhuge Liang sentou sobre o portão de entrada, tocando sua *guqin* (cítara)

GUAN YU

Conta a história que o General Guan Yu foi capturado por Cao Cao, que o tratou muito bem. Após Guan Yu ter sido solto, nunca esqueceu a bondade que Cao Cao lhe mostrou, e permitiu ao líder militar escapar durante tempos em que as situações se inverteram, pois Guan Yu, que era o epítome de lealdade e retidão, não podia tolerar estar em débito com quem quer que fosse.

Guan Yu tinha os atributos masculinos idealizados de coragem e boa aparência. Ele era bravo na batalha e podia suportar dor; em um incidente famoso, Guan Yu sofreu um ferimento no braço que deixou veneno no osso, e precisou ser tratado. Enquanto seu braço era operado, ele bebia e jogava xadrez. Ele era muito alto e tinha uma barba muito cheia, considerada especialmente bonita. Sua face era muito vermelha, e, assim, sempre que um homem de rosto avermelhado aparece no palco no teatro chinês, ele está fadado a ser um homem "bom". De fato, toda vez que o Senhor Guan aparecia, era sempre acompanhado por tambores e gongos. O Senhor Guan foi adotado por membros de sociedades de culto por sua lealdade e retidão. Ele também foi adotado como patrono por comerciantes que desejavam enfatizar que "sua palavra era sua garantia".

---

pacificamente. O inimigo foi atraído para a fortaleza aparentemente vazia e destruído pela pequena, mas bem preparada força dentro dela. Essas histórias de ardil e bravura garantiram que o romance permanecesse popular até hoje, e, como *Jornada ao Oeste*, é recontado em desenhos em quadrinhos, séries de televisão e *videogames*.

◄ CONTOS ►

Junto aos grandes romances escritos na Dinastia Ming, encontravam-se muitas histórias curtas que se baseavam em mitos e lendas populares ao mesmo tempo em que os influenciavam. Um dos escritores mais importantes nesse período foi Feng Menglong (1574-1646), que editou e compilou histórias antigas que havia ouvido, algumas delas em chinês clássico, publicando várias antologias. Entre as mais famosas de suas histórias está "A Mulher de Branco", na qual podemos ver o triunfo do budismo sobre o taoismo (ou a religião popular da China). O uso do sobrenatural, um tema favorito nas histórias antigas, recebe uma abordagem budista. Houve muitas

PAGODA LEIFENG

A Pagoda Leifeng não fora originalmente concebida como uma prisão para a Mulher de Branco. A pagoda de oito lados, uma das dez atrações do Lago Oeste de Hangzhou, foi construída em 795 pelo rei local para sua concubina favorita. A construção de um monumento budista tão grande teria trazido grande mérito ao rei e à concubina. Uma fotografia tirada em 1910 a mostra em estado de abandono. Em 1924 finalmente colapsou, e então muitas pessoas levaram partes dela para casa como um sinal de boa sorte. Uma nova pagoda foi construída sobre as ruínas da antiga, e aberta ao público em 2002. É agora um tipo de local turístico, brilhantemente iluminada à noite e formando o pano de fundo para fotografias de dignitários visitantes do mundo inteiro.

variações nessa história, incluindo recontagens operísticas e cinemáticas; ela é agora considerada uma das histórias populares mais famosas da China.

A história intitulada "A Mulher de Branco capturada para sempre sob a Pagoda Leifeng" apareceu em *Xing Shi Heng Yan* (Histórias para precaver o mundo), de Feng Menglong, publicada em 1624. Ela conta como o espírito, ou *jing*, de uma cobra d'água branca foi aprisionado sob a Pagoda Leifeng (Pico do Trovão), uma torre na Província de Zheijiang, por um monge budista chamado Fahai.

Na cidade do Lago Oeste de Hangzhou na Província de Zheijiang vivia um jovem chamado Xuxuan. Tendo ficado órfão muito cedo, vivia com sua irmã e trabalhava em uma loja de artigos médicos de seu cunhado e da família dele. Xuxuan retornava de barco para o outro lado do lago onde vivia. Assim que o barco estava se afastando, veio um grito da margem, onde uma mulher vestida de branco queria cruzar o lago com sua criada. O barco retornou e as duas mulheres embarcaram. A Mulher de Branco parecia estar de luto e vestida com roupas muito caras; sua criada estava vestida de azul.

A Pagoda Leifeng na Colina do Pôr do Sol, próximo ao Lago Oeste em Hangzhou.

Uma vez a bordo, a Mulher de Branco começou uma conversa com Xuxuan, contando-lhe que havia recentemente perdido seu esposo. Eles estavam se entrosando muito bem quando o barco atracou na outra margem. Nesse momento, começou a chover, e Xuxuan tinha um guarda-chuva, que ele galantemente emprestou à Mulher de Branco. Ela ficou muito agradecida e lhe disse onde vivia, de modo que poderia reaver seu guarda-chuva.

No outro dia, ele foi à Ponte Arrow em Hangzhou, onde a Mulher de Branco vivia. Ele perguntou aos vizinhos da área, mas ninguém parecia ter notícia de alguma jovem viúva recente. Felizmente, ele avistou a criada na rua, que o levou a uma grande casa nas proximidades. A Mulher de Branco o recebeu em uma sala belamente decorada e lhe ofereceu comida e bebida. Após um tempo, ela lhe falou diretamente, dizendo que tinha grande afeição por ele: "Nosso encontro na balsa estava destinado a acontecer. Espero que você tenha alguma afeição por mim e que se case comigo". Quando Xuxuan admitiu sua pobreza, ela respondeu: "Um problema como esse é facilmente resolvido". Ela pediu para que sua criada buscasse um pacote embrulhado num pano branco, que continha cinquenta peças de prata.

Xuxuan voltou para a casa de sua irmã com a prata, mas quando seu cunhado examinou a prata cuidadosamente, gritou alto que tinha o selo oficial e que havia sido retirada do tesouro municipal. Ele correu ao tesouro, e quando tentaram contatar a Mulher de Branco, não a encontraram, mas a casa em que ela vivia estava há muito deserta e os vizinhos disseram que era assombrada.

Xuxuan escapou da punição devida, mas foi banido de Hangzhou. Foi viver em Suzhou, longe de sua irmã. A Mulher de Branco apareceu em Suzhou e encantou tanto a família e o proprietário da casa em que Xuxuan vivia que eles ficaram ansiosos para que se casassem. A Mulher de Branco foi tão ávida e persuasiva que Xuxuan se casou com ela e gostava muito de viver com ela.

Um dia, houve um festival no templo da Montanha de Ouro, e Xuxuan desejava ir e se divertir. Sua esposa não estava disposta, mas assentiu, contanto que prometesse não entrar na habitação do abade, não falar com monge algum e que retornasse cedo para ela. Xuxuan concordou prontamente, mas, quando chegou ao templo, Fahai, o monge, saiu dos alojamentos do abade e seguiu-o até o rio tempestuoso. Foi quando um barco apareceu, atravessando a tempestade, e nele estava a Mulher de Branco e sua criada de azul. Naquele momento, o monge gritou: "O que vocês estão fazendo aqui, seus monstros?" Todos olharam para Fahai. A Mulher de Branco, vendo-o, virou o barco, e partiu com sua criada sob as ondas. Fahai disse a Xuxuan: "Essa mulher é um monstro. Volte para Hanzhou, e se ela perturbar você novamente, diga-me".

Quando Xuxuan chegou à casa de sua irmã em Hangzhou, ela o culpou por não lhe ter contado sobre seu casamento, e disse que sua esposa havia chegado. Xuxuan viu a Mulher de Branco e ficou com medo de se aproximar dela. Ele lembrou do monge Fahai, mas não pôde encontrá-lo, e estava a ponto de se jogar no rio. Foi então que Fahai apareceu e lhe deu seu pote de mendigar para pressionar sobre

Uma garrafa de rapé em marfim da Dinastia Qing, representando a Mulher de Branco em um barco com sua criada.

A Mulher de Branco se transforma em cobra; Xuxuan e o Monge Fahai observam.
Dinastia Qing, pintura do longo corredor do palácio de verão.

a cabeça da mulher. Quando Xuxuan a encontrou de costas para ele, pressionou o pote sobre sua cabeça, empurrando para baixo cada vez mais, ignorando o que quer que ela estivesse dizendo. Foi então que o monge apareceu e pegou o pote, murmurando seus encantos, de modo que, quando ele olhou sob o pote, viu que ela havia se transformado em uma pequena serpente. Ela disse: "Eu era uma serpente e o vento e a chuva me levaram a me abrigar no Lago Oeste. Não esperava me encontrar com Xuxuan, mas me apaixonei por ele. Embora tenha infringido as leis da natureza, ninguém foi ferido. Por favor, poupe-me". Fahai a fez trazer sua criada, que, no fim, era um grande peixe azul. Ele as colocou em seu pote e o depositou sob a Pagoda Leifeng, de modo que jamais pudessem partir. Os monstros do folclore chinês, a transformação de humanos em cobras e peixes, são todos subjugados pela construção de uma pagoda budista, formando uma proteção eterna para o povo local.

◄ 9 ►

Taoismo e crenças populares

As transformações de monstros na história da Mulher de Branco são típicas do folclore tradicional, que deve muito ao taoismo. O taoismo, ou "O Caminho", é uma forma antiga de pensamento, peculiar à China. Seus seguidores buscam harmonia (*Wu wei*), com a ordem natural do mundo, expressa nos opostos, mas mutuamente dependentes, Yin e Yang: a luz e a escuridão, o masculino e o feminino, o calor e o frio. Contudo, com o advento da nova religião, o taoismo tentou competir, em parte copiando o que a nova religião introduziu, embora algumas práticas budistas no início parecessem ir contra as tradições chinesas. O monasticismo, por exemplo, era considerado contrário às ideias chinesas de devoção filial; além disso, os monastérios em nada contribuíam ao bolso do Estado. Na Índia, monges budistas sobreviviam de esmolas dadas pela população, mas na China eram basicamente sustentados pelas terras do templo doadas a eles. Contudo, os chineses terminaram se acostumando aos grandes monastérios que existiam em toda parte, e até mesmo copiando os budistas, desenvolvendo sua própria forma de monasticismo.

Em um trabalho de seis volumes intitulado *Os sistemas religiosos da China antiga*, J.M. de Groot, um sinologista holandês (1854-1942) que estudou o taoismo em Fulkien, Província de Fujian, chamou suas crenças de "animistas". Mesmo coisas que a imaginação ocidental poderia considerar "inanimadas", como árvores, animais e pedras, poderiam internamente possuir um espírito essencial, ou *jing*. Ao longo do tempo, à medida que deuses e deusas budistas e taoistas se fundiram, uma série de crenças populares foi estabelecida, o que formava um pano de fundo mitológico para o ritual e a vida cotidianos. O panteão taoista, portanto,

Uma pintura da Dinastia Qing do Templo da Nuvem Branca.

tornou-se enorme e local, com uma grande diversidade de deuses e mitos que variavam de província a província, e de período a período, e muitos deles se tornaram vinculados ao budismo na China, manifestado em crenças populares.

◄ O IMPERADOR JADE ►

Quando o taoismo se encontrou competindo com o budismo, adotou o exemplo do imperador da China como seu modelo e proclamou o Imperador Jade o deus mais importante no céu. Os *Sanqing* (Os Três Puros), que até então haviam sido as principais deidades taoistas, foram rebaixadas, tornando-se assistentes do Imperador Jade. A ascendência do Imperador Jade reflete a consolidação da hierarquia imperial, mostrando reverência crescente pelo *status* imperial, algo já presente na Dinastia Han, mas acentuado durante a Dinastia Tang e mais tarde. Como o equivalente do imperador terreno da China, o Imperador Jade era onipotente na terra bem como no céu.

O CHENGHUANGSHEN

As cidades antigas da China eram usualmente cercadas por um muro e um fosso, e o patrono Chenghuangshen, ou deus da cidade, guardava essas defesas. Essa deidade guardiã aparece pela primeira vez em escritos da Dinastia Qi do norte, que governou o norte da China entre 550 e 577 EC. Contudo, em meados da Dinastia Tang (618-907 EC), à medida que as cidades se expandiam para além de seus fossos defensivos, o Chenghuangshen adquiriu cada vez mais as funções do oficial cívico, cuidando de todos os assuntos relacionados a segurança, secas e inundações. Nisso, eles absorveram algumas das responsabilidades dos Tudishen, ou deuses locais, que originalmente protegiam as plantações de uma região, mas, na época, haviam perdido sua importância. O santuário do deus local usualmente fica abaixo do santuário do deus da cidade. O Chenghuangshen tinha inclusive responsabilidades com relação ao além-mundo. Ele era considerado um protetor das almas dos mortos. Sua imagem era carregada pelas ruas em procissões com músicos e porta-bandeiras em *Qingming* e no Banquete dos Fantasmas Famintos para garantir que espíritos esfomeados fossem apaziguados. Na Dinastia Song, suas responsabilidades haviam se ampliado, e também vemos nessa época os Tudishen novamente crescendo em popularidade, assumindo a responsabilidade por vários componentes de uma cidade, como as habitações, áreas florestais e terras de templos. Nas dinastias Ming (1368-1644) e Qing (1644-1912), o Chenghuangshen se tornou tão identificado com o funcionário humano da cidade que todas as suas faltas – como corrupção e autoritarismo – eram imputadas ao deus da cidade.

◄ DEUSES FAMILIARES ►

Vários rituais cotidianos nos lares chineses se desenvolveram para apaziguar os deuses domésticos. Cada família mantinha uma pequena imagem de Zao Shen, o deus do fogão, colocada, como o nome sugere, sobre o fogão. No Ano-novo, a imagem estaria esfumaçada e suja, e as pessoas a removeriam da parede e colocariam uma nova em seu lugar. Como a deidade que supervisionava tudo o que acontecia na casa da família, estando tão próxima de onde a família se reunia para suas refeições, o deus do fogão poderia relatar o que observava ao seu superior, que alguns dizem ser o deus supremo. No vigésimo terceiro ou vigésimo quarto dia do último mês do ano, o deus do fogão tentaria fazer seu relato. Contudo, um membro da família poderia dar-lhe alguma coisa doce e grudenta para ele comer, de modo que, quando tentasse abrir sua boca, não conseguiria articular ou dizer o que quer que pudesse jogar sobre a família uma má luz, e só pudesse assentir com sua cabeça, de modo que seu superior passasse para o próximo da fila.

Uma xilogravura do século XX do deus do fogão.

O deus do fogão pode ter se originado como um deus do fogo, durante uma época em que as pessoas não tinham seus próprios fogões, mas já necessitavam de fogo para cozinhar sua comida. O deus do fogão (ou seu predecessor), certamente, remonta a antes da Dinastia Han, mesmo que as fontes difiram quanto a seu nome e proveniência precisos. Por outro lado, sacrifícios a ele aparecem numa data posterior, durante a Dinastia Tang.

Dizia-se que, certo dia, o primeiro imperador da Dinastia Tang, Taizong (599-649), foi afetado por uma gripe febril e sonhou com vários fantasmas e demônios fazendo muito barulho fora de seu quarto. Dois de seus generais, Qin Shubao e Hu Jingde, ofereceram-se para vestirem uma armadura completa e guardar sua porta. Sabendo que estavam parados na entrada de seu quarto, o imperador dormiu bem naquela noite. Todavia, ficou preocupado que ficassem de pé a noite inteira; então, ordenou que retratos deles com armaduras fossem pintados, e assim os retratos ficariam de guarda dos dois lados da porta. Muitas variações dessa lenda oferecem diferentes nomes,

Impressões de Ano-novo do século XX dos deuses da porta com armaduras, Qin Shubao e Hu Jingde.

mas pinturas de generais com armaduras, tradicionalmente compradas durante as festividades do Ano-novo, são coladas em portas ao longo da China para proteger os moradores da casa dos demônios.

◄ DEUSES DA BOA FORTUNA ►

Os deuses da riqueza, longevidade e felicidade são muitas vezes concebidos juntos, como as *Sanxing* (Três Estrelas). Eles foram representados pela primeira vez na forma humana na Dinastia Ming, mas têm uma história muito mais longa no folclore chinês. Suas imagens são muitas vezes encontradas nas lojas e restaurantes chineses na Grã-Bretanha, como parte dos rituais diários das vidas das pessoas.

Caishen, o deus da riqueza, tem nomes diferentes em diferentes distritos da China; o mais popular deles é Zhao Gongming.

Uma impressão de Ano-novo do século XX de Caishen,
o deus da riqueza, cavalgando um tigre.

Ele é usualmente retratado como tendo uma face negra, e cavalgando um tigre. O romance da Dinastia Ming *Feng Shen Yan Yi* (Investidura dos deuses), um livro que explica muitos dos deuses populares, revela como Zhao Gongming foi apoteosado por Jiang Ziya. Zhao Gongming estava combatendo ao lado do último imperador Yin, cavalgando um tigre negro e jogando pérolas que incendiavam como granadas, quando Jiang Ziya fez uma efígie de palha dele e acendeu um incenso diante dela. Após vinte dias, Jiang lançou flechas de pessegueiro no coração e olhos da efígie. Naquele momento, Zhao Gongming, no campo do inimigo, desmaiou, gritou e morreu. Subsequentemente, Jiang Ziya enalteceu a bravura de Zhao Gongming ao deus do além-mundo e fez com que o canonizassem como o deus da riqueza.

Bordado da Dinastia Ming exibindo Shouxing, o deus da longevidade, como um ancião com uma cabeça cupulada. Aqui ele é mostrado cavalgando uma garça e estudando um pergaminho.

A estrela Shou se tornou o símbolo da longevidade, e foi deificada como Shouxing, ou o Ancião do Polo Sul. Ele ocupava o primeiro dos vinte e oito lugares estelares que os chineses usavam para calcular o calendário. Na Dinastia Tang, considerava-se que essa estrela controlasse a duração das vidas dos mortais. Da Dinastia Ming em diante, Shouxing é usualmente descrito como um ancião risonho e grisalho, carregando um bastão mais alto do que ele, ao qual é invariavelmente afixado uma abóbora, um pêssego ou um pergaminho, todos símbolos de longevidade.

Uma pintura em pergaminho da Dinastia Ming de Fu, Lu e Shu: os deuses taoistas da Fortuna, Prosperidade e Longevidade.

Considera-se que o culto de Fushen, o deus da felicidade, tenha vindo do funcionário da Dinastia Tang, Yang Cheng. Segundo a história, ele estava preocupado com o fato de o imperador de Liang, Wu Di, estar levando todos os homens jovens de pequena estatura de sua cidade para servi-lo na corte. Yang Cheng disse ao imperador que considerava "homens baixos cidadãos, mas não seus escravos". O imperador ouviu isso e soltou os homens. Por isso, Yang Cheng foi transformado no deus da felicidade e passou a ser cultuado no país inteiro. Nos relatos das dinastias Yuan e Ming, considerava-se que o imperador pertencesse à Dinastia Han anterior, quando havia outro imperador chamado Wu Di, mas a história permanece a mesma.

ESTRELAS FUNESTAS: TAISUI

Nem todas as estrelas eram consideradas benevolentes; de fato, Taisui, o "Grande Duque Júpiter", é o deus mais temível do panteão. Ele era mais poderoso do que qualquer outra estrela ou planeta, considerado ser do elemento madeira, encarregado das Cinco Direções, o mestre das estações e o líder de todas as pestilências. Seu nome aparece como um deus a ser temido desde a Dinastia Zhou; Wang Chong (27-97 EC), o grande racionalista da Dinastia Han, opõe-se a temê-lo. Na Dinastia Yuan, tornou-se pela primeira vez uma religião estatal, e Taisui tem sido cultuado desde então para evitar calamidade.

Nos almanaques taoistas, que cada família chinesa deve ter, é proibido erguer quaisquer edificações ou fazer qualquer esforço para "abrir a terra" (*dongtu*) em determinados dias relacionados a Taisui, e casamentos também são estritamente proibidos. As palavras popularmente conhecidas: "Quem ousa cavar na cabeça de Taisui" é porque, nesse caso, extrairiam um pedaço de carne humana, talvez porque, quando Taisui nasceu, dizia-se que parecia um pedaço disforme de carne. Muitas pessoas ainda acreditam no poder negativo de Taisu, que tem grande influência em lugares como Taiwan.

Taisui é o Planeta Júpiter. Acreditava-se que circulasse o sol em doze anos, enquanto a Terra, em um ano.

◄ OS OITO IMORTAIS ►

Outro símbolo taoista popular de boa fortuna e longevidade é os Oito Imortais: Li Tieguai (Li, Bengala de Ferro); Han Zhongli; Zhang Guolao (Velho Zhang); Lu Dongbin; He Xiangu (Irmã Sagrada He); Lan Caihe; Han Xiangzi e Cao Guojiu (Tio Cao). São uma mistura de personagens e há enormes variações em suas histórias. Como muitos heróis míticos chineses, supõe-se, basicamente, terem sido mortais comuns que, por meio de sua surpreendente prática taoista, obtiveram imortalidade, ascendendo ao céu voando em fênices ou espadas mágicas. São representados, separada ou coletivamente, ao longo da história chinesa, em tudo, de paredes de templos a xícaras de chá, em objetos e em obras de arte. Os mais populares são Li Tieguai, Zhang Guolao e Lu Dongbin.

Li Tieguai era um taoista de boa aparência, até deixar seu corpo para ir à Montanha Ocidental, Huashan, tendo sido convocado por Laozi. Ele disse ao discípulo que cuidava de seu corpo que, mesmo que o clima estivesse quente e seu corpo apodrecesse, ele não deveria tocá-lo até que o sétimo dia passasse. Mas não muito depois de ter partido, seu

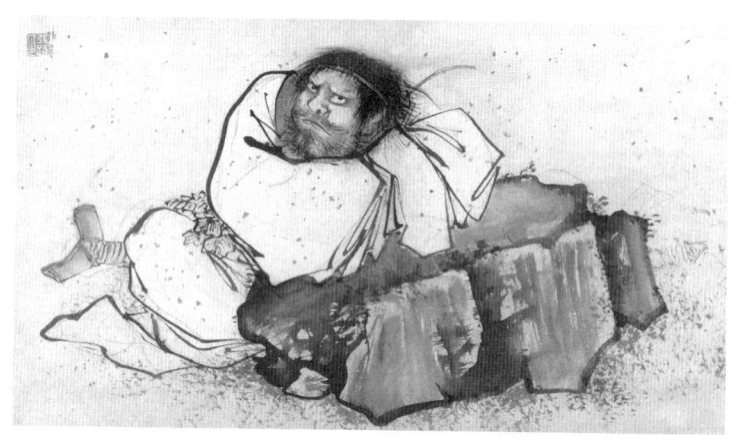

Uma pintura da Dinastia Ming de Li Tieguai como mendigo com sua bengala de ferro.

discípulo foi informado de que sua mãe estava morrendo, de modo que rapidamente cremou o corpo de seu mestre, independentemente do número de dias, e foi para casa. Quando Li Tieguai retornou, ele não pôde entrar novamente em seu corpo, pois não o encontrou, por mais que procurasse. No fim, encontrou um mendigo que recentemente havia morrido, entrando no seu corpo, e tendo de lidar com as imperfeições com que o mendigo que morreu lidara, incluindo o uso de uma bengala; por isso, seu apelido, "Li, Bengala de Ferro". Outra fonte nos conta que ele recebeu sua bengala de ferro da Rainha-mãe do Oeste. Ele não foi mencionado até o final da Dinastia Song.

Zhang Guolao cavalgava uma mula, por vezes voltado para a frente, por vezes voltado para trás. Ela o carregava por milhares de quilômetros em um dia, e no final do dia ele a soprava e a dobrava como um pedaço de papel, e a punha de lado até que necessitasse dela. Supõe-se que tenha vivido na Dinastia Tang, em torno da época do Imperador Xuanzong, mas viveu a vida de um taoista ermitão e recusou todas as convocações à corte. Quando morreu de velhice, seus discípulos abriram seu caixão e não encontraram corpo algum.

Lu Dongbin é talvez o melhor conhecido dos Oito Imortais, e o mais humano deles. Ele andava entre a população, muitas vezes

---

UMA JORNADA AO LESTE

Os Oito Imortais são encontrados pela primeira vez no romance da Dinastia Ming *Ba Zian Chu Ziam Dong You Ji* (Os Oito Imortais em sua Jornada para o Leste) de Wu Yuntai, que fala sobre a influência dos romances na imaginação popular. Um de seus episódios descreve a jornada deles através do mar para participar de um grande banquete dos Pêssegos da Imortalidade. Cada Imortal entregou algo que flutuaria na água: Li Tieguai jogou para baixo sua bengala de ferro e ela flutuou na água; Lu Dongbin, a flauta que ele tocava; e o Velho Zhang Guolao, sua mula. Tudo ia bem até que o filho do Rei Dragão se interessou pela tabuleta de jade de Lan Caihe, pela qual seguiu-se uma grande batalha.

---

doando medicamentos ou ajudando pessoas a resolverem grandes crises pessoais em suas vidas. Tinha uma aparência engraçada e frequentava as tavernas e bares de Chang'an (hoje, Xi'an), e, assim, era uma figura com que a burguesia de toda a China se identificava. Também era bom com sua espada. Lu Dongbin ainda existe em provérbios populares, dos quais um diz: "Se você fez seu cão atacar Lu Dongbin, significa que você não sabe reconhecer uma pessoa bondosa". Considera-se que tenha vivido durante a Dinastia Tang, mas não é mencionado até a Dinastia Song. Muitas peças foram escritas sobre ele durante a Dinastia Yuan, e ele se tornou particularmente popular em histórias na Dinastia Ming.

◄ APÓS A DINASTIA MING ►

Após a queda do Império Ming veio a Dinastia Qing, que não era de chineses Han, mas de invasores manchus do norte. Como falavam outra língua, a classe escriba chinesa não tinha utilidade alguma para a Dinastia Qing. Embora os Concursos para o Serviço Público continuassem, membros da classe manchu tinham prioridade em relação àqueles que passavam nas provas, uma inversão da ordem anterior. Embora se tenha publicado muitos produtos literários nessa época, eram todos produzidos pelos e para os literatos. Esses trabalhos incluíam compêndios baseados em livros mais antigos, cheios de histórias intrigantes agora perdidas, e compostas em chinês clássico, como os *Liaozhai Zhiyi* (Histórias Estranhas de um Estúdio Chinês). Esse é um compêndio maravilhoso de histórias. Algumas envolvem o sobrenatural, como histórias de mulheres belas e encantadoras que se transformam em fadas raposas, afastando jovens estudiosos de seus estudos. Outras histórias são mais semelhantes a relatos de jornais, tal como uma em que um terremoto assustou tanto as pessoas que elas correram para a rua vestindo roupas de baixo. Essas são uma bênção para pesquisadores modernos.

Ilustração do final da Dinastia Qing de uma cena do conto
"Raposa casa a filha" em *Liaozhai Zhiyi.*

Embora a literatura e as artes da China estivessem florescendo durante esse período, era para consumo interno. Quando o Imperador Qianlong (r. 1735-1796) acolheu a embaixada liderada por George Macartney do Reino Unido em 1793, ele não estava interessado em abrir a China ao comércio internacional, nem no mundo mais amplo além da China e de seus tributários no sudeste da Ásia. Sua rejeição à embaixada, ostensivamente baseada no fato de que estrangeiros não se *prostrariam* ao imperador da China, foi reforçada pela aparente autossuficiência de seu reino.

Todavia, após a morte de Qianlong, o governo manchu começou a declinar, e o século XIX viu a China numa maré muito baixa no cenário mundial. Politicamente, o país mergulhou no caos: a jurisdição do imperador não foi longe. Havia ordem somente onde um único homem, um senhor local, fosse capaz de sustentar o poder. Havia bandoleiros em muitas áreas, e isso levou a insurreições, e algumas delas explicitamente se tornaram rebeliões, como a Revolução Taiping (1859-1864), que devastou todo o sul da China. As forças Qing terminaram vencendo, mas foi uma vitória que durou pouco.

Muitos dos estrangeiros que haviam vindo para a China durante o século XIX eram missionários, que viam o país como vulnerável e rico em oportunidades. A China era longe o bastante para que os impérios da Europa ainda não a tenham atacado; agora, estavam dispostos a dissecá-la. Para esses ocidentais, parecia não haver limite à habilidade do povo chinês para acreditar no que quisessem: não havia líder de uma igreja para ditar uma doutrina, nenhuma razão ideológica para o povo chinês acreditar em coisa alguma senão no que quisessem. Muitos chineses ainda eram analfabetos, e tiravam seu entretenimento bem como seu conhecimento das peças que eram apresentadas nos festivais de suas aldeias por atores igualmente analfabetos. Especialmente, na luz evanescente da Dinastia Qing, o povo foi deixado por sua própria conta, e crenças populares se proliferaram. Cada vez mais deuses, de todo tipo concebível, eram honrados, com cultos locais sendo favorecidos. Foram missionários como De Groot, interessados na natureza politeísta da religião chinesa, rituais e encantos, que publicaram muito material sobre esse "novo" mundo, até então desconhecido ao Ocidente.

Mas os missionários não foram completamente acolhidos pelos chineses. Na verdade, ressentimentos sobre a influência estrangeira, e missionários cristãos em particular, aumentaram entre a população rural, culminando no movimento *Yihetuan* ou "Boxer" (1899-1901), assim chamado pelos ocidentais que viam as artes marciais chinesas como uma forma de boxe. Incitada em parte por uma seca severa, a Rebelião Boxer varreu o norte da China, deixando um rastro de violência em seu caminho e finalmente convergindo em Pequim. Os soldados das Oito Nações Aliadas (*baguo lianjun*) – América,

Austro-Hungria, Grã-Bretanha, França, Alemanha, Itália, Japão e Rússia – invadiram a China como resultado, atacando Pequim e pilhando o Palácio Proibido e muitos outros lugares pertencentes ao imperador, que havia fugido da cidade. Assim, a despeito de seu apoio à Dinastia Qing, os Boxer precipitaram a queda dos manchus, e prepararam o caminho para a República da China.

◄ A REPÚBLICA DA CHINA ►

A República da China foi declarada em 1º de janeiro de 1912. Tendo aprendido sobre o Ocidente por meio do Japão, os novos líderes militares e políticos da China estavam ansiosos por imitá-lo, e basearam a nova constituição nas dos países europeus. A campanha de escritores e pensadores radicais levou à deposição do chinês clássico em favor de um novo chinês padrão, ou simplificado, que terminaria sendo adotado como a língua oficial logo após o Partido Comunista assumir em 1949. Essa língua se baseava no dialeto do norte falado pela maioria da população e empregava abreviações dos caracteres chineses antigos em sua escrita. O chinês Han não tinha dificuldade em lidar com o chinês padrão, uma vez que se baseava no que o povo conhecia como o vernáculo antigo. Com o advento da computação e da internet, houve uma romanização oficial da escrita e muitos métodos de entrada digital de dados têm sido concebidos.

No início, a República era um Estado fraco, incapaz de manter o controle centralizado no país inteiro. A Era do Líder Militar, na qual o país foi dividido em diferentes áreas controladas por homens fortes, durou de 1918 até 1926. Esse período terminou encontrando seu fim quando os nacionalistas, anteriormente a força-base de Sun Yat-Sen (1866-1925), líder da revolução de 1911, gradualmente assumiu o controle do país inteiro; mas a Guerra Civil continuaria a devastar o país enquanto os partidos Nacionalista e Comunista lutavam pelo controle último da China.

Se considerarmos o Partido Comunista como extremamente de esquerda, então os nacionalistas eram extremamente de direita. Sob a liderança de Chiang Kai-shek (1887-1975), os nacionalistas se tornaram ainda mais conservadores, tomando como seus os deuses e cultos locais que haviam florescido durante o período manchu. Foi nessa época, enquanto os nacionalistas eram o poder dominante na China, que o povo se voltou aos mitos antigos. Os comunistas mais radicais, enquanto isso, seguindo o exemplo dos russos, tentaram eliminar crenças antigas em favor do dogma mais científico que estava se tornando dominante na Europa.

Além do conflito entre os partidos Nacionalista e Comunista, a China foi invadida pelo Japão, provocando a Segunda Guerra Sino-japonesa (1937-1945). Durante essa época os nacionalistas se retiraram para o oeste do país, assumindo o controle de toda a região de Sichuan, incluindo a maior parte das universidades e escolas, enquanto o Partido Comunista assumiu como sua base principal a área em torno de Yan'an. Houve um breve interlúdio quando os comunistas e os nacionalistas juntaram forças para enfrentar os japoneses. O conflito militar prolongado com a China ocupou grande parte dos recursos do Japão, permitindo aos americanos desferirem seu *coup de grâce* da Segunda Guerra Mundial: lançando a bomba atômica sobre Hiroshima e Nagasaki.

A Guerra Civil chinesa chegou ao fim em 1949, quando os nacionalistas se retiraram para a Ilha de Taiwan e o líder do Partido Comunista Mao Zedong (1893-1976) fundaram a República Popular da China. O líder Mao desenvolveu um culto à personalidade que se espalhou pelo país. Ele insistia em que a língua e os pensamentos das pessoas comuns deveriam atuar como guias para o país inteiro, e, assim, lançou a Revolução Cultural, que durou de 1966 até sua morte em 1976. Central para a Revolução Cultural foi a declaração de Mao sobre o "problema" dos "Quatro Antigos": Ideias Antigas, Cultura Antiga, Hábitos Antigos e Costumes Antigos. A campanha para destruir os "Quatro Antigos" foi entusiasticamente liderada pelos jovens em escolas e universidades, conhecidos como os Guardas Vermelhos. A religião popular sofreu enormemente durante esse período e muitos dos templos antigos foram totalmente destruídos. Após a morte de Mao, seu sucessor como líder do Partido Comunista, Deng Xiaoping (1904-1997), embarcou em um programa de restauração cultural e reforma econômica. Desde então a China tem estado em uma base uniforme, o que a trouxe ao seu atual poder global e mercado de exportação expandido.

Mao e a Revolução Cultural que ele instituiu se foram – junto à sua insistência em que a língua e o estilo das pessoas comuns devessem ser supremos. O presente governo está determinado a aumentar as cidades, levando ao desaparecimento das aldeias. O acesso universal à educação aumentou a alfabetização e o conhecimento entre todos

Um poster da década de 1960 do líder Mao representado como o sol enquanto trabalhadores vibram abaixo. A legenda diz: "Vida longa ao pensamento de Mao Zedong!"

os chineses. Há interesse renovado entre as pessoas em sua história profunda. As histórias do passado não são mais contadas somente da forma tradicional, por meio de apresentações em festivais de aldeias e da tradição oral, mas são reimaginados em uma enorme variedade de formas artísticas, incluindo a televisão – que se tornou, como no Ocidente, o principal meio de entretenimento. Os folcloristas estão uma vez mais, após a devastação da Revolução Cultural, erguendo suas cabeças, rastreando as histórias antigas por intermédio dos clássicos da literatura e da tradição oral, e redescobrindo seus contextos antigos. Dependemos de seu trabalho inestimável, que vasculha o folclore do passado, quando tentamos reconstruir os antigos, sempre variados, e não tão antigos, mitos da China.

◄ APÊNDICE ►

TEMPLOS E FESTIVAIS NA CHINA MODERNA

De todas as maravilhas da China atual, são usualmente seus templos, com suas imagens altamente estilizadas de deuses e deusas, que provocam a maior fascinação de viajantes estrangeiros. Na verdade, muitos templos na China agora funcionam basicamente como atrações turísticas, dado o aumento do ateísmo que acompanhou a ascensão do comunismo no país. O equivalente a "igrejas paroquiais" desapareceu: suas terras eram muito valiosas. O que permaneceu são as "catedrais", preservadas por sua arquitetura e associações históricas. Entre essas grandes estruturas estão: o Templo Wuta (Cinco Pagodas) e o Templo do Buda Dormindo, ambos templos budistas próximos a Pequim; o Templo da Nuvem Branca, o principal templo taoista da China, também próximo a Pequim; e a Mesquita Niujie, que serve à enorme população Hui (muçulmana) do norte da China.

◄ TEMPLOS ►

É muito difícil traçar a história de um determinado templo, uma vez que há pouca menção deles em registros escritos. Templos podiam ser constituídos ou patrocinados por qualquer pessoa e, uma vez erigidos e funcionando, tinham baixo custo de manutenção; tudo o que se necessitava para manter um templo aberto era doações de algumas pessoas ricas. Muitas histórias antigas foram estabelecidas em templos dilapidados e abandonados; eles eram geralmente considerados pelos locais como lugares de mau agouro, embora estrangeiros não os vissem do mesmo modo. Durante a Segunda Guerra Mundial, quando a China estava lutando contra o Japão, muitas escolas e universidades foram evacuadas para províncias do oeste da China e hospedadas em templos abandonados.

O Templo Wuta em Pequim tem cinco pagodas e foi completado em 1473.
O templo contém centenas de imagens de Buda.

Há pouca diferença entre a arquitetura de um templo e, digamos, um palácio na China, pois templos eram construídos do mesmo modo que qualquer edificação secular, de acordo com convenções do *fengshui*. Cada templo está centrado em torno de um pátio em um eixo norte-sul, com o salão principal diante do pátio, e outros pátios construídos ao norte contendo mais salões. Os fundos da edificação deveriam estar em uma base mais elevada e na frente deveria haver água.

Entrando em um templo chinês, primeiramente, passamos em torno de uma grande tela, que pode ser pintada com dragões voando; essas telas deveriam manter os demônios fora, assim como os guardiões do templo. Esses guardiões, uma importação do budismo indiano, foram introduzidos nos templos chineses durante a Dinastia Ming. Eles representam usualmente os quatro Reis

Celestiais (baseados nos deuses das Quatro Direções do budismo). O Rei do Leste segura um alaúde, ou *pipa*, e representa o "meio", como um instrumento de cordas que não deve ser esticado mais ou menos que o necessário. O Rei do Sul segura uma espada, representando a espada da justiça. O Rei do Oeste tem uma cobra ou dragão ferido em torno de seu pulso para simbolizar seu poder sobre outras deidades, incluindo a importante deidade dragão que governava a água (cf. capítulo 6). Finalmente, o Rei do Norte segura um guarda-chuva para proteger contra todas as contaminações. Essas figuras são muitas vezes muito altas, vestem armadura, e têm faces de esgares – muito mais eficientes para espantar demônios.

No interior dos pátios estão grandes contêineres que esperam os incensos dos devotos, que os acendem antes de irem em direção aos salões. O primeiro pátio é por vezes flanqueado por torres de tambores e de sinos que dizem a hora do dia: os sinos tocam e os tambores ressoam a cada duas horas. Essas são versões menores das torres de

Uma estátua do leste, um dos Quatro Reis Celestiais segurando uma *pipa*. De um templo em Lushan.

tambores e sinos encontradas em cidades como Pequim. Templos budistas e taoistas tendem a ser mais ruidosos do que igrejas cristãs. Não há necessidade de as pessoas manterem suas vozes baixas; isso vale especialmente para templos taoistas.

No interior do salão principal se encontra a imagem da deidade a quem o templo é dedicado, usualmente uma grande escultura, muitas vezes ladeada por outras imagens, e com oferendas colocadas em pratos diante dela. Ao redor da imagem há almofadas para que os monges se ajoelhem enquanto entoam sutras. A parte mais surpreendente do salão é seu grande e pesado teto com extremos curvos. O exterior do teto é usualmente coberto por telhas de cerâmica, com figuras que decoram os sulcos, uma vez mais para afastar demônios. A cor pode dar uma indicação da função da edificação; por exemplo, somente palácios imperiais podiam ter telhas de cerâmica amarelas. Somente templos e palácios possuem esses tetos pesados. Poderíamos pensar que o tamanho e peso desses telhados fossem inseguros na China, que é propensa a terremotos, mas suportes conhecidos como *dougong* no topo dos pilares sustentam o teto acima e permitem que oscile durante impactos de terremotos. Esses suportes, feitos por artesãos desconhecidos, foram aperfeiçoados ao longo do tempo: são feitos de madeira, sem sequer um prego de ferro. São muitas vezes pintados de modo que pareçam decorativos, mas são essenciais à construção do teto.

Templos chineses tipicamente não possuem domos ou campanários para dar altura à estrutura, mas pagodas podem chegar a dez andares de altura. Há dois tipos de pagodas: os túmulos de monges conhecidos, situados atrás dos templos, onde turistas usualmente não vão; e santuários a deidades, que se encontram em pátios e podem ser acessados por todos. Atualmente, outros salões no interior de templos são muitas vezes dedicados a deidades específicas, e assim a pagoda perdeu uma de suas funções, que é encontrada somente em estruturas mais antigas. Contudo, templos Lama – aqueles do budismo tibetano, que estavam muito em voga durante a última dinastia, a Qing (1644-1912) – muitas vezes possuem pagodas que são diferentes das pagodas chinesas tradicionais, com um topo arredondado em vez da tradicional estrutura construída camada por camada com tetos e calhas salientes. O Dagoba Branco em Pequim é um exemplo de um templo Lama assim.

A sobrevivência da religião e crença foi diferente na China, Hong Kong e Taiwan. Durante a Revolução Cultural de Mao (1966-1976), templos foram destruídos pelos Guardas Vermelhos, mas muitos desde então têm sido reconstruídos. Alguns têm sido convertidos para outros usos, incluindo museus, centros administrativos ou escolas. Outros têm visto um movimento geral de apoio, tanto de doadores ricos locais como de instituições governamentais, uma vez que a liberdade religiosa foi reinstaurada. Na Ilha de Taiwan, onde a ascensão do comunismo não desestabilizou crenças antigas, há tantos templos que é difícil contá-los: estima-se que exista aproximadamente um para cada 1.500 residentes. Esses templos atuam como centros comunitários locais e como locais religiosos e de

Um templo budista em Taiwan.

peregrinação. Em Hong Kong, muitos templos existem como na época em que a cidade era uma "colônia da coroa" e os britânicos não interferiam muito nos costumes locais. Os costumes e festivais locais tanto de Taiwan como de Hong Kong, longe das influências de Fukien e Guangzhou, podem ser muito diferentes do resto do país.

◄ FESTIVAIS ►

Olhando para o calendário de festivais tradicionais da China, rapidamente se torna aparente que foi criado por uma sociedade agrária: o principal festival ocorre em pleno inverno, quando os agricultores descansavam as ferramentas; o próximo celebra a chegada das chuvas; e, finalmente, o ano termina com a colheita. Esse calendário, baseado nos meses lunares, foi estabelecido pelo Imperador Wu da Dinastia Han Ocidental (r. 141-87 AEC), embora possa estar baseado no calendário Xia mais antigo. Na Dinastia Han, as pessoas eram suficientemente prósperas para celebrar durante a estação tranquila do ano agrário, quando não eram sobrecarregados com o trabalho duro do cultivo da terra e tinham um excedente com o qual celebrar. Em meados da próspera e pacífica Dinastia Tang, as pessoas estavam levando a vida em um ritmo muito mais relaxado, e reforçaram essas tradições mais antigas, tornando-se cada vez mais sofisticados em suas festividades. Muitos dos festivais da China datam desses tempos antigos.

Festivais ocorriam (e ainda ocorrem) no espaço aberto das aldeias, e davam às pessoas a chance de praticarem suas habilidades de permuta e iniciarem grandes empreendimentos comerciais. Esses também eram tempos de grande entretenimento, com diferentes trupes de atores e contadores de histórias fazendo apresentações onde quer que pudessem encontrar uma audiência. Em locais rurais, essa era uma rara oportunidade para comunidades se reunirem, para celebrarem sua cultura e prosperidade compartilhadas.

O Ano-novo Lunar

O festival anual mais importante – que, como em muitas outras culturas, ocorre durante o inverno – é o Ano-novo Lunar. Quando a República da China substituiu o governo manchu em 1911, trouxe o calendário gregoriano para a China, alinhando o país com os impérios da Europa. Essa celebração era conhecida como o Ano-novo Lunar até a fundação da República Popular da China em 1949, que o chamou "Festival da Primavera". Mas, por mais que o governo tentasse fazer do primeiro dia do calendário gregoriano o feriado do Ano-novo, o povo se manteve no Ano-novo Lunar. O governo percebeu e decidiu que seria um feriado nacional; atualmente, esse se estendeu para três dias, para dar tempo àqueles que necessitem viajar para celebrar com suas famílias. Muitas pessoas tiram a semana toda de folga ou mesmo mais, celebrando até *Yuanxiao*, o Festival da Lanterna.

As celebrações propriamente ditas começam mais cedo, quando as pessoas removem da casa todos os detritos do ano anterior. Uma parte importante disso é a substituição da imagem do deus do fogão, que fica atrás do fogão o ano inteiro e nesta época já está muito suja e manchada. As pessoas comem mingau de *laba*, cujo nome vem do oitavo (*ba*) dia do último mês do ano (*la*), o dia no qual era tradicionalmente comido durante a Dinastia Qing. O mingau é feito de oito diferentes tipos de feijões e frutas – com variações regionais – e comê-lo assumiu significado religioso no budismo, especialmente se o partilhamos com aqueles em necessidade, o que traz bons augúrios para o próximo ano.

A tradição do *Shousui*, ficar acordado a noite toda e banquetear com a família inteira, começou no século VI. As pessoas colam dísticos ou palavras no *Chunlian* (Palavras da Primavera), usualmente em papel vermelho salpicado de pó de ouro, ao lado de portas, junto a recortes de personagens ou cenas auspiciosas em papel vermelho – esse foi o início da arte popular de corte de papel. Muitas famílias põem imagens dos deuses da porta ou Zhong Kui, o matador de

Um boneco de teatro de sombras do matador de demônios
Zhong Kui, do século XX.

demônios, para afastar quaisquer demônios que possam estar espreitando. Fogos de artifício também são usados para afastar demônios: de fato, os chineses inventaram os fogos de artifício para esse propósito. Algumas aldeias encenam danças do leão ou amarram lanternas juntas para representar as muitas articulações de um dragão (e a pérola que é por vezes representada com dragões que se contorcem).

Finalmente, esse é o momento no qual envelopes vermelhos são compartilhados, uma tradição iniciada na Dinastia Yuan. O Ano-novo Lunar marca a data na qual todas as dívidas devem ser pagas. Esses presentes eram outrora dados como pequenas somas de dinheiro, embrulhadas em vermelho, dos anciões da casa para os jovens; atualmente, com o aumento do consumismo, mais dinheiro muda de mãos, e há envelopes especiais impressos com todos os tipos de desenhos modernos.

Artistas populares chineses executam uma dança do dragão para celebrar o Ano-novo chinês em 1º de fevereiro de 2012 em Taiyan, Província de Shanxi.

O Festival da Lanterna

O próximo grande festival, que poderia ser considerado uma continuação do Ano-novo Lunar, era *Yuanxiao*, o Festival da Lanterna. Esse festival se originou na Dinastia Han durante o governo do Imperador Wu, quando as lanternas foram acesas pela primeira vez. Atualmente, lanternas de todos os tipos e tamanhos são enfileiradas para as pessoas apreciarem. Importante também é a ingestão de *tangyuan* (chamado *yuanxiao* no norte da China), pequenas bolas feitas de farinha de arroz glutinoso, com recheio doce, que são usualmente fervidas. Eles devem representar a lua, que, no décimo quinto dia do primeiro mês, está mais redonda pela primeira vez no ano. Elas também simbolizam a reunião da família – seu nome sendo um jogo de palavras sobre a forma redonda da lua e da palavra chinesa para reunião, *tuanyuan*.

Um desfile de lanternas em Shangai anuncia o Ano do Porco, 2019.

Dia da Limpeza dos Túmulos

O Dia da Limpeza dos Túmulos, ou Festival *Qingming*, também ocorre próximo ao começo do ano, logo após o solstício de primavera – usualmente no começo de abril – quando o clima é mais quente e ensolarado. Esse é o momento em que as pessoas limpam os túmulos de seus ancestrais, e realizam o ritual da obediência, em uma expressão de devoção filial confuciana. No passado, as mulheres da casa que haviam estado isoladas o ano inteiro tinham permissão para sair para "caminhar no verde" (*taqing*). Também ocorriam as práticas de soltar pipas e outras atividades ao ar livre.

O Festival do Barco Dragão

Em junho ocorre *Duanwu*, o Festival do Barco Dragão, também conhecido como o Festival do Quinto Dia do Quinto Mês. Esse era originalmente um tempo de apaziguar os Dragões das Nuvens de Chuva, que era essencial para que a colheita fosse de acordo com o planejado. Se as chuvas não aparecem, especialmente no sul, então há risco de seca. As pessoas fazem corridas com barcos decorados com dragões pintados em suas proas, na esperança de atrair os dragões no céu. Aqui, os confucianos influenciam as celebrações: o poeta Qu Yuan, a quem *Chu Ci* é atribuído, é honrado nesse festival. Yuan ofendeu o rei com sua desconfiança no reino de Qin (que terminou incorporando todos os estados no fim da Dinastia Zhou para fundar a China unida), e por isso foi banido da corte. Mais tarde, afogou-se no Rio Miluo. Na lenda, Qu Yuan permaneceu como o poeta que foi denegrido pelo rei, mas amado pelas pessoas comuns.

Alguns séculos após a morte de Qu Yuan, os confucianos circularam a história de seu fantasma reclamando que não podia provar da comida que as pessoas jogavam na água para ele porque "dragões maus" das profundezas a haviam roubado. Portanto, os barcos dragão foram instituídos para assustar os "dragões maus". Assim, os confucianos conseguiram sobrepor sua versão da história a um rito antigo de fazer chover. Outros mitos são associados ao Quinto Dia do Quinto Mês, mas a lenda de Qu Yuan ficou, e foi especialmente popular durante a guerra contra os japoneses, quando Qu Yuan foi novamente proclamado o poeta do povo. Mais recentemente, o festival se tornou uma ocasião mais alegre, embora permaneça algum vestígio das antigas crenças: as testas das crianças são pintadas com o caractere *wang* (rei) usando realgar (também chamado "enxofre rubi"), um composto altamente venenoso que atua como uma forma de antídoto para as picadas de cobras e insetos que podem dar origem a doenças. Isso lembra as pessoas sobre os perigos de epidemias que podem vir com o clima quente.

As comidas mais associadas a esse festival são os *zongzi*, feitos de farinha de arroz glutinoso embrulhados em folhas de bambu, que se originaram na Dinastia Zhou. Mais recentemente a forma piramidal dupla dos *zongzi* foi utilizada para sachês feitos de diferentes sedas coloridas. Originalmente, esses sachês continham substâncias aromáticas para afastar insetos; atualmente, são vazias e são usadas por crianças como ornamentos.

O Festival do Meio do Outono

Zhongqiu, o Festival do Meio do Outono, também conhecido como Festival da Lua ou do Bolo Lunar, é celebrado quando a lua está mais redonda, no décimo quinto dia do oitavo mês do calendário lunar. É quase tão popular quanto o Ano-novo Lunar e apresenta outra oportunidade para as famílias se reunirem para uma refeição ou subir colinas e admirar a lua. As pessoas se presenteiam com "bolos lunares"; esses representam a lua redonda e são recheados de doces de acordo com as diferentes iguarias locais. Não se sabe quando esse

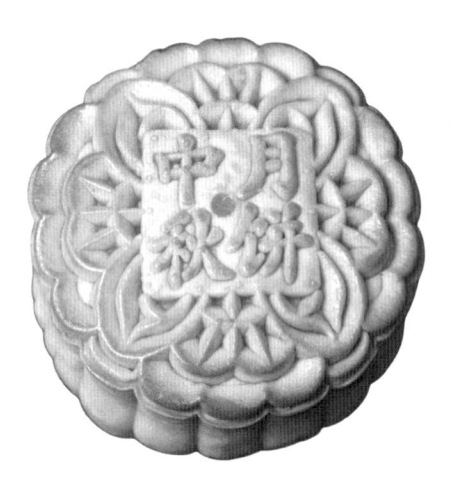

Um bolo lunar. Essas iguarias são tradicionalmente comidas durante o Festival do Meio do Outono.

festival começou, mas reis antigos costumavam fazer sacrifícios à lua, e durante a Dinastia Tang o festival se tornou mais importante e tema de muitos poemas.

Desde os tempos Qing, muitos festivais foram acrescentados ao tradicional calendário, de modo que as pessoas pudessem ter um feriado a cada mês. Esses feriados eram usualmente estabelecidos no dia coincidente ao número do mês, como o quinto dia do quinto mês, ou ocorriam no décimo quinto dia do mês, que cai no meio de um mês lunar de trinta dias.

◄ LINHA DO TEMPO ►

Antes da era imperial, que durou mais de 2 mil anos, a China não era unificada. Consistia em muitas cidades-estados que atuavam independentemente e tinham seus próprios sistemas de escrita, muitos deles baseados em redes tribais antigas que glorificavam seus próprios ancestrais, tornando-os líderes de uma dinastia histórica. Poucas pessoas sabiam ler ou escrever, e dependiam da tradição oral, que é notória por não oferecer datas ou uma linha do tempo até a unificação da era imperial. O primeiro imperador da odiada, mas breve, Dinastia Qin foi um administrador de primeira linha que sistematizou muitas coisas, incluindo a largura de carroças ou carruagens. Mas foi a Dinastia Han que durou e executou essa tarefa, e agora nos embasamos nela porque seu governo foi longo e contou com muitas pessoas que ainda se lembravam dos tempos anteriores à era imperial.

Xia *c.* 2070-1600 AEC

Shang *c.* 1600-1046 AEC

Zhou 1046-256 AEC

    Zhou Ocidental 1046-771 AEC

    Zhou Oriental 770-256 AEC

        Primavera e Outono 770-476 AEC

        Estados Combatentes 476-221 AEC

Dinastias imperiais

Qin 221-207 AEC

Han 202 AEC –220 EC

    Han Ocidental 202 AEC-9 EC

    Xin 9-23 EC

    Han Oriental 25-220 EC

Três Reinos 220-280 EC

Jin 266-420

Dinastias do Norte e do Sul 420-589

Sui 581-618

Tang 618-907

Cinco Dinastias e Dez Reinos 907-979

Liao 916-1127

Song 960-1279

Song do Norte 960-1127

Song do Sul 1127-1279

Yuan 1271-1368

Ming 1368-1644

Qing 1644-1912

República da China

República da China 1911-1949

República Popular da China 1949-

◄ LEITURA COMPLEMENTAR* ►

BIRRELL, A. *Chinese Mythology: An Introduction*. Baltimore/Londres: Johns Hopkins University Press, 1993.

BODDE, D. Myths of ancient China. In: KRAMER, S.N. (ed.). *Mythologies of the Ancient World*. Nova York: Anchor Books/Doubleday, 1961.

CHRISTIE, A. *Chinese Mythology*. Nova York: Peter Bedrick Books, 1983.

KALTENMARK, M. Chinese Mythology. In: BONNEFOY, Y. (ed.). *Asian Mythologies* Chicago/Londres: University of Chicago Press, 1993.

MASPERO, H. *Taoism and Chinese Religion*. Amherst: University of Massachusetts Press, 1819.

YANG, L.; AN, D.; TURNER, J.A. *A Handbook of Chinese Mythology*. Oxford/Nova York: Oxford University Press, 2005.

---

* As fontes oferecidas são restritas ao inglês, embora muitos trabalhos excelentes que tratam dos mitos chineses e de sua história estejam, com certeza, disponíveis em diferentes línguas.

◂ Fontes das ilustrações* ▸

Birmingham Museum of Art **142**

Bridgeman Images **176**

British Library, Londres **42, 50, 73, 78, 87, 103, 156**

C.A.S. Williams, Outlines of Chinese Symbolism and Art Motives, 1919 **15, 27, 46a, 59, 124, 128, 147**

© Atiger88/Dreamstime.com **194**

Chester Beatty Library, Dublin **75, 85, 121, 165**

Chinese Art Poster Collection, Whitworth University Library, Spokane, **183**

Cleveland Museum of Art **55, 159**

Collection of the National Museum of Singapore, National Heritage Board **120**

Cooper Hewitt Smithsonian Design Museum, Nova York, **57**

© Ottovanrooy/Dreamstime.com **187**

CPA Media Ltd/Alamy Stock Photo **2, 92, 100, 174**

Cowardlion/Shutterstock **143**

Drazen Tomic **6-7**

E.T.C. Werner, Myths and Legends of with thirty-two illustrations in colour by Chinese Artists, Londres, 1922 **36**

gar1984/123RF.com **33**

Granger Historical Picture Archive/Alamy Stock Photo **52**

gyn9037/123RF.com **137**

HelloRF Zcool/Shutterstock **186**

Joseph Needham, Science and Civilisation in China, vol. 3, Cambridge, 1959 **84**

J. Paul Getty Museum, Los Ângeles, ca **12**

K. Brashier **152**

Kyushu University Library, Fukuoka **160**

Lacma, Far Eastern Council Fund (M. 8121) **131**

Lacma, Gif of Mr and Mrs Eric Lidow **81**

Library of Congress, Washington **29, 39, 49, 63, 90, 94, 113, 144**

Lou-Foto/Alamy Stock Photo **179**

Mantana Boonsatr/Shutterstock **196**

---

* Os números em negrito indicam as páginas.

◄ ÍNDICE* ►

---

* Os números em *itálico* remetem às ilustrações

Sobre a autora

Tao Tao Liu é uma renomada estudiosa que, a partir da sua paixão pela cultura e pelas tradições chinesas, especializou-se em mitologia, tornando-se uma autora aclamada por suas obras sobre o assunto. Sua pesquisa minuciosa e escrita envolvente têm encantado leitores ao redor do mundo, tornando-a uma autoridade na área mitológica chinesa.

Conecte-se conosco:

f facebook.com/editoravozes

@editoravozes

X @editora_vozes

▶ youtube.com/editoravozes

+55 24 2233-9033

www.vozes.com.br

Conheça nossas lojas:

www.livrariavozes.com.br

Belo Horizonte – Brasília – Campinas – Cuiabá – Curitiba
Fortaleza – Juiz de Fora – Petrópolis – Recife – São Paulo

 EDITORA VOZES

 — VOZES — NOBILIS

Vozes de Bolso

 Vozes Acadêmica

EDITORA VOZES LTDA.
Rua Frei Luís, 100 – Centro – Cep 25689-900 – Petrópolis, RJ
Tel.: (24) 2233-9000 – E-mail: vendas@vozes.com.br